마케터의 밑줄

마케터의 밑줄

초판 1쇄 발행 · 2024년 6월 5일

지은이	김상민
발행인	이종원
발행처	(주) 도서출판 길벗
브랜드	더퀘스트
주소	서울시 마포구 월드컵로 10길 56 (서교동)
대표 전화	02) 332-0931
팩스	02) 323-0586
출판사 등록일	1990년 12월 24일
홈페이지	www.gilbut.co.kr
이메일	gilbut@gilbut.co.kr

기획, 편집	송혜선(sand43@gilbut.co.kr)
제작	이준호, 손일순, 이진혁, 김우식
마케팅	정경원, 김진영, 김선영, 최명주, 이지현, 류효정
유통혁신	한준희
영업관리	김명자, 심선숙
독자지원	윤정아

디자인 및 전산편집	쿠담디자인
CTP 출력, 인쇄, 제본	예림인쇄

ISBN 979-11-407-1393-6 (03190)
(길벗도서번호 040271)

정가 18,800원

인스타그램 www.instagram.com/thequest_book
페이스북 www.facebook.com/thequestzigy
네이버포스트 post.naver.com/thequestbook

마케터의 밑줄

나와 일 모두 함께 크는 사람의 성장법

김상민

더퀘스트

이 책은 마케터를 포함해 창조를 하는 사람들에게 건강한 질문을 던지고, 일을 대하는 멋진 태도를 알려줄 가이드와 같다. 삶을 가장 본인답게 살기 위해 그리고 제대로 성장하기 위해 필요한 것들이 담겼다. 무엇보다 무척 쉽고 재미있다!

– 박신후 (오롤리데이 대표,《행복을 파는 브랜드, 오롤리데이》 저자)

핵개인의 시대, 사람들이 기대하는 것은 당신만의 서사입니다.
당신이 그 일을 얼마나 사랑하는지. 그 기여가 얼마나 치열했는지.
자신의 일을 사랑하는 이의 사려 깊은 일상을 만나고 싶은 분들께 권합니다.

– 송길영 (마인드 마이너,《시대예보》 저자)

필터 같은 책입니다. 세상에 떠다니는 날것의 영감덩어리들을 자신만의 시선으로 곱게 빻아 새로운 맛으로 내려주기 때문이죠. 보는 것은 비슷할 텐데도 거기에 하나씩 밑줄 친 인사이트들이 한 줄 한 줄 새로워요. 마케터라면 그리고 세상을 다양하게 보고 싶으신 분들이시라면 이 책과 함께 세상에 밑줄을 쳐보시길.

– 위한솔 (브랜드 마케터)

마케터의 독서목록을 엿볼 기회라니!《마케터의 밑줄》은 저자의 말을 빌면 "트렌드를 건져 올리는", "트렌드 속 보편적 가치를 발견하는" 마케터가 밑줄 그은 책 속 문장들과 사유를 전한다. 여기에는 일잘러란 무엇인지에 대한 질문부터, 뭉툭한 세대론에 대한 날선 시선, 마케터가 세상을 설득하는 법, 예산 잘 활용하기, 브랜딩의 묘수 등이 차곡차곡 쌓여 있다. 그가 소개한 밑줄 읽고, 그의 글에 밑줄 긋고, 다 읽고 다시 읽는다. 이 책의 세상 보는 눈을 나도 갖추고 싶다.

– 이다혜 (작가,《출근길의 주문》《퇴근길의 마음》 저자)

하나로 정의하기 어렵고 꽤 많은 역량을 요구하는 이 직업을 뭐라 하면 좋을까. 그런 나의 고민에 해답이라도 제시하듯 이 책이 나왔다. 저자와 함께 일하며 감탄도 질투도 참 많이 했는데 그건 단순히 재능이 아니었다. 호수 위 백조가 우아함을 유지하기 위해 열심히 발놀림하듯, 더 나은 마케터가 되기 위해 수없이 많은 노력과 고민을 했다는 것을 알았다. 그의 글이 내게 그랬던 것처럼 치열하게 살아가고 있는 많은 이들의 오늘에 위안이 되어줄 거라 믿는다.

— 이승희 (브랜드 마케터, 《질문 있는 사람》《일놀놀일》 저자)

일 잘하는 마케터의 성장 서사가 이 책에 담겨 있다. 고민과 시행착오와 작은 성취들을 섬세하게 풀어냈다. 아마 세상에서 가장 서정적인 실용서일지도. 그중에도 특히, 삶을 살아가는 방식으로서의 마케터 이야기가 마음을 움직인다. '마케터'는 직업이자 삶의 방식이라는 데 깊이 공감한다. 자신이 여태 만들어온 것에 갇히지 않고, 새로운 음악을 듣는 사람으로, 설득력 있는 사람으로, 냉소하지 않고 하루하루 성실하게 할 일을 하는 사람으로 살고 싶어진다.

— 장인성 (전 배달의민족 치프 브랜드 오피서, 《마케터의 일》 저자)

저자와는 일면식 없지만, 이 책을 읽으면서 고개가 여러 번 끄덕여졌다. 마케팅에 있어 필요한 건 잔재주나 순간 번뜩이는 그 무언가가 아니라, 습관과 태도, 관점, 팀웍이라는 것을 매우 생생하게 보여준다. 기획이 어떻게 시작되고 단단해지는지 그 과정을 친절한 사수가 설명해주듯 보여주고 있어, 마케터가 되고자 하거나 이미 마케터인 분들께 일독을 권한다.

— 최장순 (LMNT 대표, 《기획자의 습관》 저자)

밑줄을 그으며

신이 마케터를 만들 때 레시피가 있다면, 타고난 재능이라는 조미료는 내겐 빠져 있는 듯했다. 상황마다 남다른 혜안을 내놓는 나를 상상했지만 실제로 마주친 건 현자의 혜안보다 현자 타임이었다. 마케터라는 단어를 사람으로 빚은 것 같은, 특히 낯가림 DNA를 깜빡 잊고 태어난 분들이 정말 있구나 싶을 땐 몰래 한숨 쉬었다.

하지만 그런 지금도 마케터로 일하고 있다. 쾌속으로 질주하는 길은 아니지만 부족함을 채우며 한 발씩 나아가는 것도 길이다. 약간은 서럽고, 때로는 이것도 못하면 어쩌나 걱정에 사로잡힌다. 그러나 외롭지 않다. 세상에 두루 존재하는 현명한 이들 덕분이다. 타고난 재능도, 태도의 단단함도, 하다못해 인싸력도 부족한 마케터가 기댈 건 그들의 생각과 통찰, 그리고 그것을 언어로 빚은 문장이었다. 뼈가 시릴 정도로 아프게 다가오는 부족함의 순간마다 책을 집어 들었다. 직업인으로서 겪는 헛헛함의 시기엔 좌절 대신 거인의 넉넉한 품에 기댔다. 현자의 언어에 열심히 밑줄 치고, 인사이트의 문장을 점프대 삼아 사유를 한 발 더 멀리 더 깊게 나아가 보았다.

지금 여러분이 손에 쥔 책은 한 명의 천재 일잘러가 쓴 빛나는 성취가 아니다. 99명의 평범한 마케터 중 한 명으로 레퍼런스와 반면교사를 오간 소담한 기록이자 혼자가 아니라는 응원이다. 더불어 빠르게 변화하는 스타트업에 합류해 손에 꼽히는 IT 기업으로 성장하기까지, 그 거대한 파도에 가끔은 올라타고 대부분은 휩쓸리며 성장해간 마케터의 이야기이기도 하다.

나무 하나는 이상한데 마음이 가는 숲이 있다. 뒤틀리고 휘어지고 자라다 만 나무투성이지만 그런 기묘함이 모여 나름의 자태와 고유한 매력을 갖는 숲. 책에 담긴 지난 10년의 이야기가 여러분에게 그리 닿는다면 더없는 영광이겠다. 그 숲을 함께 조성해간 동료들, 비옥한 성장이 될 수 있게 양분을 나눠준 책 안팎의 스승들에게도 감사의 마음을 전한다.

밑줄을 그으며

목차

공감

요즘

1부

트렌드의 파도

Greatest Of Al

고민이 들 때

"요즘 마케터"로 사는 법

유행은 왜 금방 낡아버리는지. 약간의 시간이 지났을 뿐인데,
쭈글쭈글 함부로 쌓인 옷더미가 내 남루한 취향과 구매의
이력처럼 느껴져 울적했다. 지난해 내가 우쭐한 기분으로
걸치고 다닌 것은 무엇이었을까 하고.

김애란, 《비행운》 중에서

────────

최근 10년 사이 마케터에게 불어닥친 가장 큰 변화는 뭘까. 한 세대
위로 올라간다면 '아이폰의 출현'이라는 만장일치의 답이 있지만,
아이폰의 토대 위에서 커리어를 시작한 내게는 여러 생각이 스친다.
각종 IT 스타트업과 <u>유니콘 기업</u>의 등장, <u>뉴노멀</u>의 개념을 정의한
팬데믹, 이제 정말 피부로 와닿기 시작하는 AI의 등장까지. 크고 작
은 사건, 사고, 변화, 혁신이 전례 없는 주기로 등장하고 사라졌다.

고민이 들 때

_____ 창업한 지 10년 안 됐으나 기업 가치가 10억 달러(약 1조 원) 이상인 비상장 스타트업 기업. 2023년 한국 유니콘 기업에는 패션 플랫폼 '무신사'나 부동산 중개 서비스 '직방' 등이 이름을 올렸다.

_____ 시대 변화에 따라 새롭게 정착하는 일상 패턴.

그중 빼놓을 수 없는 역사적 전환이자, 마케터의 일에 가장 큰 영향을 준 변화라면 유튜브 시대의 개막 아닐까. 유튜브는 마케팅의 문법을, 정확히는 미디어 세계관 자체를 재편했다. 콘텐츠, 광고, 마케팅의 패러다임이 송두리째 바뀌었고, 모든 브랜드가 새롭게 펼쳐진 생태계에 적응하려 동분서주했다.

매번 갱신되어 온 '요즘 마케터'의 정의가 또 한 번 새로고침되는 순간이기도 했다. 유튜브 시대가 본격화되던 시기의 요즘 마케터는 유튜브 트렌드를 누구보다 빨리 캐치해내는 사람이었다. 잘나가는 유튜버를 줄줄 꿰고 있는 건 물론이고 화제의 영상이라면 장르 불문 섭렵하는 마케터, "걔네 그 영상 보셨어요?"라 묻고 "지난 주말에 봤는데 대박이더라고요"라 답하는 마케터에게 발언권이 주어졌다. 그들은 모두가 처음 마주하는 유튜브란 파도에 능숙히 올라탄 듯 보였다.

안타깝게도 내 이야기는 아니었다. 유튜브의 파도에 휩쓸려 정신 못 차리기 일쑤였다. 무엇보다 유튜브 초창기의 시류와 취향이 너무도 맞지 않았다. 특유의 흥과 온도에 적응하지 못하며 머리로는 좋아도 가슴으로 이해 못하는 시간이 이어졌다. 수십만이 구독하는 유머 채널이라는데 보는 내내 입가에 미동조차 없는 곳이 대다수였다. 그나마 흥미를 끈 몇몇 채널은 구독자 수가 1,000명도 되지 않아 스스로 취향의 감도를 의심했다. 유행의 최전선을 오가며 뛰노는 삶은 나와 어울리지 않았다. 트렌드에 민감한 마케터가 멋지게 파도 위에서 곡예 부릴 때 부러움과 무력감을 꾹꾹 누르며 무표정으로 박수를 보냈다. 역시 마케터는 내 길이 아닌 것 같다는 쓸쓸함은 덤이었다.

느닷없는 깨달음은 아니었다. 고백하면 트렌드는 내 오랜 아킬레스건이다. 새로운 걸 좇기보다 좋아하는 것에 온 마음을 쏟는 사람에게 트렌드는 억지 공감하며 팔로우업(Follow-up)해야 하는, 말 그대로 '일'이었다. 더군다나 갈수록 벌어지는 유행과 본래 취향 사이 간극을 바라보며, 간신히 잡고 있던 트렌드의 끈이 행여나 끊어질까 늘 불안해했다. 텍스트에 소소한 강점과 취향이 몰려 있던 나로선 유튜브 시대가 열리자 우려하던 단절의 시기가 곧 임박했음을 확신했다. 그로부터 수년이 흘렀다. 지금 나는 휴대폰 스크린 타임을 보며 그 시절의 걱정이 얼마나 쓸데없었는지 확인한다. 압도적으로 높은 사용 시간과 함께, 중독 치료가 필요한 건 아닐까 싶을 만큼 유튜브 친화적인 삶을 산다. 그사이 어떤 결심이 있던 것도, 성향이 변한 것도 아니다. 유튜브가 불러온 더 큰 변화에 편승했을 뿐이다.

모두 알다시피 유튜브는 콘텐츠 생태계를 뒤바꿨다. 전통의

미디어가 진입 장벽으로 구축하던 대규모 자본과 인력이 유튜브 세계에서는 더 이상 필요조건이 아니다. 크리에이터의 매력과 적절한 기획, 그 맛을 살리는 편집력만 갖추면 수백만의 구독자를 모으는 게 전혀 이상할 것 없는 세상이다. 새로운 생태계는 새로운 생존 방식을 요구했다. TV 예능의 기념비적인 인물인 나영석 PD가 침착맨 유튜브 채널에 출연해 "배우러 왔다"고 밝힌 건 이런 변화의 상징적 순간이었다. 이처럼 발 빠르게 적응한 이들은 살아남고, 기존 문법을 고수하던 이들은 도태됐다. 각 분야에서 유력한 유튜버들이 생겨나기 시작했고 초창기 대비 콘텐츠의 다양성이 확연히 늘어났다. 퀄리티 또한 상향 평준화 되어갔다. 여기에 OTT의 물결까지 더해지며, 결과적으로 지금 우리는 봐야 할 콘텐츠가 너무 많은 세상에 산다.

볼 게 많아진 세상은 생각 이상의 큰 변화를 몰고 왔다. 무엇보다 콘텐츠의 휘발성이 어마어마하게 강해졌다. 비교를 위해 시간을 10년 전으로 돌려본다. 〈개그콘서트〉에서 유행어 하나가 터지면 똑같은 패턴으로 코너를 몇 달간 이어가곤 했다. 남녀노소 모두가 그 유행어를 따라 했고, 온라인 커뮤니티부터 TV 광고, 〈아침마당〉에 이르기까지 유행어의 활약은 이어졌다. 그러나 요즘은 아무리 대박이 난들 길어봐야 일주일이다. 며칠 안 가 그 이상의 화력을 지닌 대체제가 등장한다. 예를 들면 지금 이 글의 초안을 쓰고 있는 2023년 10월, 우리나라의 모든 커뮤니티와 앱 푸시(Push) 메시지는 며칠 전

터진 전 국가대표 펜싱 선수 관련 밈(Meme)으로 점철돼 있다. 그러나 퇴고를 위해 다시 이 글과 마주할 즈음이면, 분명 사람들의 관심은 온데간데 사라졌을 게 분명하다. (그로부터 2주가 지난 오늘, 예상은 현실이 됐다)

휘발성이 강해졌다는 건 유행의 지속력이 극도로 짧아졌음을 의미한다. 이제 남녀노소 모두에게 통용되는 메가 트렌드는 자취를 감췄다. 그러나 유행이 사라진 건 아니다. 다른 형태로 존재한다. 이제 유행은 수십 수백의 커뮤니티에서 각자의 형태로 피고 진다. 유튜브 시대가 몰고 온 또 다른 변화다. 콘텐츠 공급자가 폭발적으로 늘어나자 드디어 개인의 다양한 기호를 충족시켜줄 수 있는 세상이 도래했다. 여기에 알고리즘의 교묘함까지 더해지며 취향의 파편화는 더 좁고 깊게 진행 중이다.

이전에는 범 대중의 정서를 자극하는 유행이 전 국민적 공감과 사랑을 받았다면, 지금의 유행은 특정 맥락을 이해하는 사람만 공감할 수 있는 성격을 띤다. 요즘 난리라는 무언가가 나에게는 금시초문일 때가, 반대로 내가 속한 세계에서 장안의 화제인 사건이 누군가에게는 처음 듣는 이야기일 때가 점차 많아진다. 세대에 따라, 직업에 따라, 관심사에 따라 개별적인 유행이 탄생하고, 그 안에서 활발히 소비되다 다른 곳으로 전이될 새도 없이 증발한다.

그러다 보니 종종 신기한 현상과 마주한다. 2022년 연말을 강타한 유행어 '중요한 건 꺾이지 않는 마음', 이른바 '중꺾마'의 사례다. '중꺾마'는 그해 12월에 열린 2022 카타르 월드컵에서 우리나라 의 극적인 16강 진출과 함께 전국민적 유행어로 부상했다. 특히 포 르투갈 전 승리 후 선수들이 들어 올린 태극기에 새겨져 화제가 된 '중꺾마'는 팬데믹으로 힘든 한 해를 보낸 모두에게 위안과 용기를 안겨줬다.

그런데 이 유행어의 기원은 월드컵이 아니다. '중꺾마'는 그로 부터 한 달 전 열린 리그오브레전드 2022 월드 챔피언십에서 탄생 했다. 전 세계 각국의 리그오브레전드 프로팀이 참가해 한 해 최고 의 팀을 가리는 이 대회에서, 한국팀 중 최약체로 평가받던 DRX는 아무도 예상 못한 깜짝 우승을 차지한다. 그러나 시작부터 순탄한 건 아니었다. DRX는 본선 첫 경기부터 패배하며 부진한 모습을 보 였고, 경기 후 팀 주축선수인 데프트(Deft)의 잘 추스려 극복하겠다 는 인터뷰가 '중요한 건 꺾이지 않는 마음'이란 기사 제목과 함께 공 개됐다.

이후 DRX가 예상 밖 파죽지세의 행보를 이어가자 데프트의 인터뷰 속 '중꺾마'란 표현이 리그오브레전드의 팬 커뮤니티에서 인용되기 시작됐다. DRX는 끝내 페이커(Faker)가 속한 T1까지 꺾 으며 우승컵을 거머쥔다. 이후 '중꺾마'는 기적의 행보를 쓴 DRX의 여정을 요약하는 한마디이자, 페이커와 더불어 명실상부 리그오브 레전드의 전설로 회자될 게이머지만 유독 월드 챔피언십 트로피와 연이 없던 데프트의 감동 서사를 상징하는 표현으로 자리 잡았다.

재밌는 건 이 유행어가 커뮤니티의 장벽을 넘어섰다는 데 있다. 예상컨대 리그오브레전드를 즐기면서 축구에도 관심 많은 이들이 중꺾마의 불씨를 축구판에 옮겨왔을 것이다. 그래서 축구에 큰 관심 없던 리그오브레전드 유저라면 왜 철 지난 유행어가 또 보이는 건지 의아했을지도 모른다. 점점 파편화되는 커뮤니티 양상과 전 국민 단위의 유행이 사라지는 시대에 참 이례적인 현상이 아닐 수 없다.

이쯤에서 마케터의 역할을 생각해본다. 트렌드의 휘발성이 너무도 강해진 시대, 세대를 관통하는 대유행이 사라진 시대, 커뮤니티는 더 잘게 쪼개지고 있고 그 안에서 유행이 쉼 없이 교체되는 시대. 한때 '요즘 마케터'의 필수 요건이던 트렌드를 좇는 일이 이제는 현실적으로 어려워졌다. 수천 수백의 커뮤니티가 각자의 유행을 지녔기에, 그것을 하나하나 팔로우업하는 건 불가능하다.

심지어 이제 아무 생각 없이 유행어를 가져다 쓰는 건 위험하기까지 하다. 대중 모두의 필터를 거쳐 살아남은 것만이 유행어가 됐던 과거와 달리, 오늘날 유행의 대부분은 한 집단의 특정 정서에 기반한다. 맥락의 이해가 부재한 커뮤니티 바깥에서는 오해받고 왜곡되기 쉽다. 그렇다고 트렌드를 손에 놓아야 한다는 말은 당연히 아니다. 접근의 변화가 필요하다.

이제 시선은 밖이 아닌 안으로 향한다. 트렌드와 마주함에 있어 앞으로 마케터의 미션은 '여기에만 존재하나 어디에든 통용될 수 있는' 이야기를 발견하는 데 있다. 각자 속한 커뮤니티의 유행을 지켜보며 그 기저에 깔린 정서와 배경을 통찰하고, 만약 그것이 '중꺾마'처럼 보편성을 지닌 무언가라면 커뮤니티 장벽을 넘어 어떻게 활용될 수 있을지 고민하는 일이 필요하다. 강박 속에 오용한 트렌드는 부메랑이 되어 돌아오고 현명히 차용한 트렌드는 그 진원지로부터 반가움의 지지를, 그 바깥의 커뮤니티에게는 신선함을 안긴다.

이제 마케터는 트렌드를 좇는 것이 아닌 건져 올리는 사람에 가깝다. 국지적인 트렌드 속 보편적 가치를 발견하는 사람, 그걸 세련되게 가공하여 우리답게 보여주는 이가 현재 버전의 '요즘 마케터'다. 그동안 팔자에도 없는 트렌디함에 매몰되어 매번 강박의 억지 미소를 짓던 나와 같은 마케터에게는 기회가 열린 셈이다.

배달의민족에서 오래 일하며 가진 소소한 자부심 중 하나는 김봉진 창업자와 꽤 근거리에서 일해본 경험이다. 주목받는 스타트업 대표였던 그의 혜안을 어깨너머로 보고 듣고 배운 걸 큰 행운이라 여긴다. 다만 당시에 이해 가지 않던 견해도 있었는데, 사용자와의 커뮤니케이션에 유행어는 되도록 쓰지 말자는 기조가 그랬다. 트렌드에 강박이 있던 나로선 왜 요즘 난리인 이 유행에 편승하지 않는지, 다른 서비스는 이미 다 하는데 왜 우리만 거기에 숟가락을 얹지 않는지 답답했다.

돌이켜보면 답답한 건 나였다. 남들 다 하는 걸 나도 해야 할, 굳이 one of them을 자처할 필요가 없단 걸 이제는 안다. 차라리 그 시간에 브랜드로서의 자기다움을 쌓는 편이 현명하다.

사람도 브랜드도 마찬가지다. 어울리지 않는 유행이라면 애써 차용하지 않는 것, 유행에 휩쓸려 좌지우지되지 않고 자기다움의 뿌리를 더 굳건히 지켜내는 것. 그런 브랜드라면, 또 그런 사람이라면 매번 불어닥치는 트렌드의 파도에 쉽게 고꾸라지지 않는다. 늘 끌려만 다니던 그놈의 트렌드에 이제는 조금 도도해질 수 있는 세상이다. 덕분에 몇 년은 더 이 일을 해도 괜찮겠단 용기를 얻는다.

EBS 〈딩동댕 유치원〉이 리뉴얼됐다. 눈이 가는 건 새로 추가된 캐릭터인 마리와 하늘이. 하늘이는 휠체어를 탄 장애 어린이, 마리는 남미에서 온 엄마와 사는 다문화 가정 어린이다. (강아지는 유기견 댕구) 예전 런던 여행 중 봤던 BBC 어린이 프로그램에서 장애인 출연자가 나왔던 게 문득 생각난다.

국가인권위원회는 '주린이(주식 초보)', '요린이(요리 초보)' 등 '~린이' 표현의 무분별한 사용을 경고했다. 아동을 비하하고 부정적 고정관념을 조장할 수 있다는 이유에서다. 애초에 '어린이'란 단어가 어린 아이에게 격식을 갖추려 탄생한 표현임을 생각하면 합당한 의견이다.

최대 규모의 뉴스레터이자 콘텐츠 플랫폼 뉴닉은 키즈 유튜버 법적 규제에 관한 토론의 장을 열었다. 유튜브 수익 목적의 아동 착취나 악성 댓글 노출, 유튜버 활동을 노동으로 규정할 때의 문제 등 웃고 즐기느라 들여다보지 못했던 이면을 밝히고 있다.

세상이 나빠져만 가는 것 같아도 어떤 부분에서는 분명 발전과 진보를 거듭해간다. 내일은 5월 5일, 100번째 어린이날이다.

#어린이날
#딩동댕유치원

단연코 요즘 내 최고의 웃음 버튼은 미국 청소 아저씨, 브라이언이다. 불결한 상황, 공간, 사람 앞에서 뿜어내는 그의 리얼 리액션에는 '진심은 통한다'는 게 이런 거구나 싶을 만큼 티끌 없는 혐오가 서려 있다. 웃음 장벽이 꽤 높은 편인데도 그의 앞에서는 무력하게 허물어진다.

그런데 브라이언의 결벽증은 갑자기 나온 컨셉이 아니다. 최근 공개된 플라이투더스카이 합숙 시절 사진은 그의 정리벽이 보통 광기가 아님을 증명한다. 더러우면 n가지 없는 거라는 희대의 명언이 그의 관점에서 보면 충분히 설득력을 가진다.

브라이언의 부활을 보며, 콘텐츠의 원천에 대해 생각하게 된다. 일상에서 무언가를 건져 올려야 하는 마케터, 그리고 작가의 관점에서 매번 느끼는 막막함이 그 덕분에 조금은 누그러지는 기분이다.

사실 우리의 개별적 삶은 하나같이 이상하다. 강박이 빚은 기괴한 습관과 미신과도 같은 믿음으로 점철되어 있다. 재밌는 건 그런 바보 같은 면면이 삶의 결을 만든다. 어쩌면 우리가 그토록 갖길 바라는 '자기다움'은 이미 내재화되어 있는지도 모르겠다.

#브라이언
#우리집도와줘요

22

마케터의 말과 글

MZ 세대라는 말도 따지고 보면 일종의 '타자화'입니다.
관찰해서 더 포용적인 어휘를 만들어내는 집단이
미디어의 주도권을 잡을 겁니다.

송길영, 〈김지수의 인터스텔라〉 인터뷰 중에서

더는 'MZ'라는 표현을 쓰지 않기로 했다. 텍스트를 중요히 다루는 회사에 속하다 보니 내부적으로 특정 표현을 놓고 갑론을박이 종종 벌어진다. 어떤 말이 각자 마음속에 품고 있던 꺼림직함의 통발에 걸리는 경우, 의사결정의 기준은 명확하다. 쓰는 사람, 읽는 사람, 둘 중 어느 쪽이라도 찝찝함이 남으면 쓰지 않는 게 맞다.

사실 이상함은 진작부터 느끼고 있었다. 'Z'세대의 범주라고 하는 90년대 중반부터 2000년대 초반도 광범위한데, 여기에 80년

대생을 더해 'MZ'라는 이름에 끼운다. 고등학생이라면 초등학생 조카, 회사 다니는 삼촌과 같은 그룹에 묶인다는 말이다. 무성의한 분류법이다.

더 큰 문제는 지나친 오남용이다. 백번 양보해 용어의 기원이 세대 간 다름을 이해하려는 노력이었다고 해도, 젊은 세대의 왜곡된 단면에 MZ라는 두 글자를 군이 붙이는 데서 특정 세대를 편견에 찬 프레임에 몰아붙이는 형세를 느낀다.

사실 이런 세대론은 일정 주기마다 반복적으로 등장해왔다. 멀게는 오렌지족부터 가깝게는 최근 고개 들기 시작한 알파 세대까지. 지금까지 우리는 의지와 상관없이 어떤 세대에 편성되고 재단되어 왔다. 다만 그 유행도 명백히 끝을 향해가고 있다고 본다.

한 사람의 삶은 특정 세대에 속하지 않는다. 예나 지금이나 통용되는 당연한 사실이나, 이제서야 하나의 사회적 합의로 자리 잡아간다. 어느 누구도 내 삶에 획일적인 이름표를 붙이고 싶어 하지 않는다. 당연히 나도 마찬가지다. MZ라 적힌 이름표를 떼어버리기로 한 이유다. 나도 싫으니 남에게도 그리하지 않는 것. 내게는 그것이 배려이자 상식이다.

동시에 마케터가 가져야 할 감각이라고도 생각한다. 마케터의 직무는 다수와의 커뮤니케이션을 전제한다. 자연스레 많은 사람들에게 효과적으로 접근할 단어와 문장을 고민한다. 개중에는 복잡한 무언가를 편리하게 정의한 단어와 유행처럼 쓰이는 표현들이 있다.

전혀 이상한 일이 아니다. 다만 마케터에게는 그 반대편의 고민 또한 필요하다. 무엇을 말할지만큼, 어떤 말을 지양하고 쓰지 말 것인지 고민해야 한다.

마케터의 직업적 특성으로 돌아가 본다. 우리가 말을 건네는 대중이라는 집군에는 별별 생각의, 별별 특징의, 별별 사람들이 존재한다. 그리고 그 다양성의 가지는 갈수록 셈하기 어려운 속도로 빠르게 뻗어가는 중이다. 성평등, 동물권, ESG, 기후 변화, 공정의 기준 같은 이슈는 불과 몇 해 전까지 개념조차 모호했지만 지금은 가장 뜨거운 화두로 올라섰다. 이런 혼란한 현실에 직면한 마케터에게 필요한 건 뭘까. 아마도 그건 삶 하나하나의 개별적 다름을 분간하고 인지할 줄 아는 감각, 한 단어로 예민함이 아닐까.

3년간 배달의민족 뉴스레터 〈주간 배짱이〉를 운영하며, 우리도 숱한 표현을 점검하고 고쳐 써갔다. 가령 '고정' 혹은 '캡처'의 동의어로 쓰이는 '박제'가 얼마나 감수성이 결여된 표현인지, 식기 세척기나 로봇청소기 같은 가전제품에 흔히 붙이는 '이모님'이란 표현을 과연 쓰는 게 맞는 건지, 하나하나 따져보고 여러 구성원의 의견들을 수렴했다. 노파심에 말하면 이건 생색이 아닌, 마케터라면 응당 해야 하는 고민임을 밝힌다.

밖으로 시선을 돌리면, 섬세한 커뮤니케이션의 훌륭한 레퍼런스가 두루 존재한다. 뉴닉도 그중 하나다. 미디어 스타트업이자 콘텐츠 뉴스레터의 붐을 이끈 뉴닉은 현재 (2024년 5월 기준) 62만 명 이상의 구독자를 보유 중이다. 젊은 층을 주요 독자로 둔 미디어답게 커뮤니케이션에 신중하고 가끔은 선구적인 모습까지 보이는데, 대표적인 예로 여성 용어 가이드를 꼽고 싶다.

뉴닉은 우리가 일상에서 무심히 사용하는 성차별적 표현을 정리하고, 이로 인한 편견의 재생산을 방지하는 차원에서 여성 용어 가이드를 제작, 공개 중이다. 실제로 뉴닉이 콘텐츠를 만들 때 활용하고 있는 기준이다. 가령 그/그녀를 불필요하게 구분하지 않고 여배우, 여대생처럼 '여'를 접두어로 쓰는 표현도 지양한다. 문제의 원인을 여성에게만 두는 것으로 보일 수 있는 표현들, 이를테면 '저출산'은 '저출생'으로, '보모'라는 표현 또한 여성의 역할에 편견을 부여하기에 '아동 돌봄이' 또는 '보육사'로 바꿔 쓴다.

개인적으로는 이 일이 구독자의 피드백에서 비롯됐다는 사실이 흥미로웠다. 과거 뉴닉에서 발행한 일본군 위안부 생존자 관련 콘텐츠에서 '일본군 위안부 할머니'라는 표현을 쓴 것이 발단이었다. 사실 기성 언론 등에서 흔히 쓰는 표현이지만, 여성은 할머니, 남성은 선생님 혹은 운동가라 지칭한 데에 구독자들이 불만을 표한 것이다. 뉴닉은 이후 사과문을 올리고 앞으로는 할머니 대신 '여성 인권운동가'라 표현할 것을 밝혔다. 이후 2020년 3월 8일 여성의 날을 맞아 여성 용어 가이드를 공개하기에 이른다. 사용자의 피드백을 예민하게 수렴하고 이를 빠르게 반영한 좋은 예시라 할 수 있다.

다시 강조하지만 요즘 브랜드가 갖춰야 할 가장 중요한 역량

중 하나가 바로 이런 예민함이다. 특히 일상의 말과 글에 대한 예민함은 곧 부지런함을 뜻한다. 아무렇지 않게 지나갈 수 있는 언어를 면밀히 검토하고 고민해야 하기 때문이다. 마케터를 비롯 콘텐츠 제작자의 말은 단순히 뱉는 것이 아니다. 정돈하고 포장하여 보내는 발송 행위이기에 늘 부지런함을 요한다. 이건 타고난 말주변과는 무관하다. 훈련하고 개선할 수 있는 영역이다.

그런 의미에서 마케터는 일상의 언어를 주기적으로 한 번쯤 다시 바라보아야 한다. 유행어도 마찬가지다. 물론 누구보다 유행에 민감한 직군이라지만, 브랜드의 입을 빌려 다수의 사람들에게 말하는 직업이므로 그 영향력에 대해 생각해보는 습관은 바람직하다. 특히 유행에 휩쓸려 오남용되는 단어는 급속도로 생명력을 잃는다. 그러면 단어가 왜곡되거나 봉인될 뿐 아니라 정말 필요한 이들에게 적확히 쓰이지 못할 수 있다. 요즘 여기저기서 과도하게 사용되는 '가스라이팅'이 걱정되는 이유기도 하다.

"언어는 존재의 집이다."

독일의 철학자 하이데거는 이렇게 말했다. 말과 행동은, 말과 생각은, 그리고 말과 삶은 따로 분리할 수 없다. 사람과 대화하고 끝내 설득해야 할 마케터의 숙명을 생각하면, 좋은 마케터의 크나큰 조각 중 하나가 언어 구사력이라는 데에 적극 동의한다. 그리고 돌이켜보면 좋은 언어는 타고난 재능보다 태도로서 완성된다. 부지런히 가늠하고 사려 깊게 공감하는 사람, 그리고 그런 브랜드만이 살아 남는다.

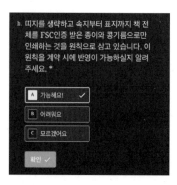

뭘 해도 다 잘할 것 같은 사람이 있다. 내게 타일러는 그런 사람 중 한 명이다. 이유를 묻는다면 그의 인스타그램에서 섭외 문의 링크를 눌러보라 하고 싶다. 지금까지 봐온 어떤 협업 요청란보다 직관적이고 명료하며 심지어 친절하기까지 하다.

우선 설문 프로그램 타입폼(Typeform)을 쓴단 것부터 그 똑똑함에 치이고, 대개 딱딱하기 마련인 양식란에서 타일러는 재기발랄한 인사로 사람들을 맞는다. 협업을 제안하는 쪽에서 묘하게 갖게 되는 을의 스탠스와 긴장감을 한결 덜어준다.

어떤 문의를 할 건지 구체적으로 선택하는 구간에서 또 한 번 놀란다. 완벽히 구분된 카테고리와 업무별 상세 질문들에서 타일러가 얼마나 일목요연한 사람인지 느껴진다. 특히 출간 문의란에 정리해둔 환경에 대한 입장은 꽤 놀랍다.

그는 스스로 어떤 일을 할 수 있는 사람인지 알고 있다. 그리고 그 일을 잘 해내기 위한 조건과 기준 또한 명확하게 정의한다. 마지막으로 가장 중요한 사실, 다정하고 친절하다.

작은 것으로 전체를 말하는 게 종종 섣부른 판단이 되기도 하지만 어차피 우리의 전체는 작은 조각으로 이뤄져 있으니 나는 오늘의 추측에 힘을 줘본다. 적어도 함께 일하는 동료로선 타일러는 지적할 게 없는 지적인 이가 아닐까 하고.

#타일러

예민하거나, 혹은 섬세하거나. 이는 똑같은 기질의 두 얼굴이다. 예리한 날이 상대방을 향한 방어기제가 되기도 하고, 미세한 비언어적 변화를 감지하는 레이더로 기능하기도 한다. 차갑고 따뜻한 방향을 오가며 예민한 골칫거리와 섬세한 사람 사이 진자 운동을 반복한다.

안타깝게도 그동안 이런 기질의 사람들은 손해 보고 상처 받는 위치에 더 가까이 자리해왔다. 스치는 말 한마디에 베이는 사람이 있는 반면 폭언을 쏟아내고도 다음 날이면 잊어먹는 자가 공존하는 곳, 그게 우리가 사는 세상이다.

그럼에도 희망을 갖는 건 갈수록 섬세함이 더 조명 받는 흐름 속에 있기 때문이다. 배려는 무조건적인 양보가 아니며, 다정함 또한 막무가내의 칭찬이 아님을 우리 모두 알고 있다. 감정의 전후관계를 따지는 부지런함, 그 섬세하고 세심한 마음이 우리를 먹여 살린다. 그런 시대가 왔다.

#배려

재능이 애매해도 괜찮을까?

우리는 능숙한 인간으로 태어나지 않는다. 재능과 능숙함은
다르고, 후자는 무조건 꾸역꾸역의 나날이 필요하다. 버틴다고
뭐가 되지는 않지만, 그런 보장은 없지만, 재미없는 걸
참아내는 시간 없이는 재미가 오지 않는다. 프로가 된다는
것은, 꾸준히 단련하고 (최악의 상황에서조차) 일정한 아웃풋을
만들 수 있으며 자기 자신과 타인의 실력과 능력치를 가늠해
협업에 용이한 사람이 되는 거라고 생각한다.

이다혜,《출근길의 주문》 중에서

온라인 커뮤니티마다 GOAT 논쟁이 뜨겁다. 염소 이야기가 아니
다. GOAT는 'Greatest Of All Time'의 줄임말로, 한 분야에서 역사
상 최고의 자리에 오른 이에게 부여하는 호칭이다. 용어의 기원에
대해 이런저런 엇갈린 주장이 있지만 우리나라에서는 농구 커뮤니
티를 중심으로 처음 발화됐다. 특히 NBA 역대 최고의 선수인 마이
클 조던에 헌사하는 표현으로 유명해지자 GOAT 가리기 유행은 다
른 커뮤니티로도 뻗어갔다.

축구계에서도 GOAT 논쟁은 활발하다. 이른바 펠마메 논쟁이 그것이다. 브라질의 펠레, 아르헨티나의 마라도나, 그리고 우리 시대의 메시 중 누가 가장 위대한 선수인지를 두고 갑론을박이 한창이다. 특히 리오넬 메시의 업적에 유일한 오점이던 월드컵 우승이 지난 카타르 월드컵을 통해 해결되자 다시 불붙게 됐다.

그런데 축구계의 GOAT 논쟁은 비단 선수만이 아니다. 감독에 있어서도 두 사람이 활발히 입에 오른다. 한 명은 현역 최고의 감독으로 칭송받는 펩 과르디올라(이하 펩), 다른 한 명은 과거 맨체스터 유나이티드를 이끌며 왕조를 이룩한 알렉스 퍼거슨이다. 재밌는 점은 두 지도자가 전혀 다른 스타일이라는 데 있다.

우선 펩은 명실상부 현역 최고의 감독이다. 현역 감독 중 가장 많은 우승 트로피를 들어 올렸고, 그가 지금까지 따낸 서른여섯 개의 메이저 타이틀은 역대 1위인 퍼거슨의 기록과 단 두 개 차이다. 알렉스 퍼거슨이 이미 은퇴했고 칠순 넘어까지 감독 커리어를 이어간 걸 감안하면, 이제 고작 1971년생의 그가 역사상 가장 많은 트로피의 감독으로 기록될 건 예정된 미래다.

놀랍게도 펩은 단순히 우승만 많이 한 감독이 아니다. 그는 전술에 있어서도 역대 최고라고 평가받는다. 심지어 대기만성형도 아닌, 시작부터 남다른 떡잎이었다. 극강의 효율을 추구하는 패스 축구 '티카타카'를 가장 이상적인 형태로 완성시킨 그는 바르셀로나에서 감독 커리어를 시작하자마자 축구사 최초의 6관왕 기록을 쓴다. 그의 전술을 복사-붙여넣기로 도입했던 당시 스페인 축구 대표 팀이 2008 유로를 시작으로 2010 남아공 월드컵, 2012 유로를 연속 우승하는 메이저 3연패를 달성하는 등, 펩은 등장부터 전 세계 축구인들에게 강렬한 영감을 주는 존재였다.

그의 전성기는 여전히 진행 중이다. 당장 2023년 시즌만 봐도 사이드백(측면 수비수)을 중앙으로 이동시키는 파격 전략을 선보이며 전 세계 축구판에 유행을 불러옴과 동시에, 소속팀 맨체스터 시티에 창단 이래 첫 챔피언스 리그 타이틀과 트레블(3관왕)을 안겼다. 그동안 축구 전술사에 이름을 남긴 명장은 많지만 트로피까지 이렇게 많이 따낸 감독은 펩이 유일하다. 왜 그를 21세기 축구에 가장 큰 영향을 미친 인물로, 그걸 넘어 역사상 최고의 감독으로 꼽는지 충분히 이해되는 대목이다.

퍼거슨은 펩과 대척점에 있다. 펩이 전형적인 천재과에, 선수 시절부터 감독까지 엘리트 코스를 두루 거친 금수저라면, 퍼거슨은 감독 커리어를 스코틀랜드 3부 리그에서 시작했다. 그를 역대 최고의 감독으로 이끈 맨체스터 유나이티드의 커리어조차 시작은 22팀 중 21위를 기록하는 절체절명 상황에서의 중도 부임이었다. 게다가 펩과 비교하면, 퍼거슨은 축구 전술사에 영향을 미친 바가 크게 없다. 그런데 어떻게 무수히 우승컵을 들어 올리고, 역대 최고의 축구 감독으로 불리는 걸까.

퍼거슨의 힘은 적응력이다. 전술에 있어 특출남을 뽐내진 못

해도, 당대 축구 트렌드를 가장 빠르게 습득하는 감독이었던 건 분명하다. 펩이 그를 상징하는 전술이 즐비한 데 반해 퍼거슨은 딱히 그런 것이 없다. 대신 그는 보유한 선수단을 냉철히 파악하고 늘 유연하게 팀을 만들어갔으며, 헤어 드라이기로 상징되는 강력한 팀 장악력으로 선수 역량을 최대로 이끌어냈다.

_____ 선수들이 약속한 플레이를 하지 않고 실수를 거듭하면 머리가 휘날릴 정도로 면전에서 비난을 퍼부어 생긴 별명. 그러나 이러면서도 언론과 외압으로부터 철저히 선수를 보호하고 보살피는 면이 있어 많은 이들에게 보스로 추앙받았다.

전술적 부족함은 유능한 코치에게 전권을 위임해 채웠다. 가는 곳마다 불모지에 가까운 상황이었지만 맨주먹으로 팀을 일궈 세계 최고의 반열까지 끌어올렸다. 축구계에 온갖 라이벌과 새로운 바람이 불어닥쳤음에도 퍼거슨은 건재했다. 그는 늘 진화했고 끝내 살아남았으며 결국 답을 찾아 승리했다. 그렇게 맨체스터 유나이티드 한 팀에서 무려 27년을 군림하며, 영국 프리미어 리그의 전설로 남았다.

우리는 한 번씩 펩의 길을 꿈꾼다. 천재성을 번뜩이면서 새로운 패러다임을 이끄는 승리자로 기억되길 바란다. 실제로 그 길을 걷는 이들을 종종 목격하기도 한다. 그러나 한 해 한 해 연차와 함께 쌓이는 건 그게 내 길이 아니라는 깨달음이다. 여전히 처음 보는 문제 앞에 쩔쩔매고, 무엇이든 거뜬히 해결할 줄 알았던 연차가 됐지만 아직 느낌표보다 물음표가 많은 마케터로 머물러 있다. 천재 마케터가 되고 싶었지만 아쉽게도 내게는 그 호칭이 허락되지 않을 것 같다. 그러나 아직 괜찮다. 퍼거슨의 길이 있다.

최고가 될 수 없기에 최신의 존재가 되기 위해 힘쓴다. 이건 유행에 기대는 것과는 조금 다른 이야기다. 퍼거슨의 길은 오히려 냉정히 자기를 객관화하며 바꿀 것과 유지해야 할 것을 구분하는 데서 시작된다. 동시에 유행이 아닌 시대정신에 주목한다. 표면에서 피었다 지는 반짝임에 눈을 빼앗기지 않고 그 기저에 깔린 숨은 욕망과 변화의 흐름을 탐구한다. 시대 정신을 체화해 낡은 고집은 버리고 동시대적 사람으로 진화하는 것, 퍼거슨을 가장 끈질기게 살아남은 존재로 만든 그 길에 시선을 둔다.

다행인지 절망인지 잔잔히 흐르던 변화의 파도가 요즘 들어 유독 거세고 세차게 인다. 그럴 때일수록 더 정신 차리고 내게 필요한 변화가 무언지 가려내고 적극 수용해야 한다. 이기기도 하고 지기도 하겠으나 중요한 건 그때그때의 결과가 아닌 그 모든 결과로써 이뤄내는 진화, 그리고 동시대의 최전방에서 살아가는 감각일 테니. 천재 마케터가 아니라 하여 좌절할 이유 없다. 그렇게 최선의 마케터로 살아가면 된다.

퍼거슨 하면 떠오르는 몇 가지 순간이 있다. 벌개진 얼굴로 경기 중 선수들을 꾸짖는 장면, 골이 들어가자 그와 정반대의 얼굴로 아이처럼 해맑게 만세를 외치는 장면, 은퇴 경기 승리 후 관중에게 작별 인사를 건네는 순간도 빼놓을 수 없다. 그런데 개인적으로 가장 기억에 남는 장면은 공교롭게도 펩의 F.C바르셀로나와 맞선 2011년 챔피언스 리그 결승전이다. 이 경기에서 퍼거슨은 당시 세계 최고의 팀을 이끌던 펩에게 완패당한다. 경기 말미, 중계 카메라가 벤치에 앉은 퍼거슨을 잡는데 태연히 껌을 씹는 얼굴과 대조적으로 그의 손이 부들부들 떨리고 있었다. 그건 패배의 분노였고, 아무것도 할 수 없는 상황 속 당혹스러움이었고, 펩이라는 새로운 괴물 앞에서 보이는 백전노장의 두려움이었는지도 모른다. 누군가는 그 순간을 퍼거슨이라는 한 시대가 저무는 장면이라 말했다.

그러나 내 생각은 달랐다. 이미 업적이 차고 넘치는, 심지어 역대 최고의 감독이라 칭송받는 할아버지가 여전히 패배에 분을 삭이지 못해 부글거리는 것이 경이롭게까지 보였다. 퍼거슨은 다다음해, 기어코 리그 우승 트로피를 하나 더 추가하며 은퇴를 발표한다. 참으로 그다운 퇴장이다. 동기부여를 잃고 번아웃의 속삭임이 귓가를 맴돌 때마다 퍼거슨의 그날 부들거리는 손을 떠올린다. 길의 초입에서는 펩을 꿈꿨지만 이 길의 마지막은 퍼거슨이길 바란다. 영감님에 비하면 한참 못 미칠 수 있지만, 적어도 방향만큼은 그의 길을 따라 걷는다. 잘해서 오래하고 싶고, 오래해서 잘하고 싶다.

나이 든다는 건 당연했던 것들이 당연하지 않다는 걸 깨닫는 과정이다. 체력도 그중 하나다. 당연히 하던 야근과 손쉽게 지새우던 밤이 어느덧 힘에 부치고 낯선 일이 된 지 오래다. 예전 같지 않아서다.

지금은 명확히 알고 있다. 일 잘하려면, 잘 놀려면, 손흥민 경기 챙겨보고 뉴진스 콘텐츠 팔로우업 하려면 다른 무엇보다 체력이 필요하다. 체력이 결여된 동기부여는 공허한 의지일 뿐이고, 체력 없는 다짐이란 이내 휘발될 미래다.

올해도 살기 위해 몸을 굴렸다. 총 230번 달렸고 뛴 거리의 총합은 1,156킬로미터다. 몸에 지불하는 돈만큼은 아깝지 않다는 걸 체감한다. 우여곡절 많았고 야근 또한 잦았지만 끝내 버텼다. 정신력 때문만은 아니다. 돈과 시간과 의지를 투여해 유지한 체력 덕이다. 내년에도 성실히 운동을 이어갈 예정이다. 뉴욕 마라톤도 뛰어보고 싶다.

#체력

우선 해보는 사람

글쓰는 친구들이 '책 쓰고 싶은데…….' 하고 다짐만 하는
경우가 많아요. 일 년 뒤에 보면 한 페이지도 안 썼어요. 그럼
제가 말해요. 너는 도스토옙스키가 아니야. 그냥 아무렇게나 써.
'불후의 명작'을 쓰겠다고 다짐한 순간 한 글자도 못 써요.
틀릴까 봐서. 뭐든 써야만 앞으로 나아갈 수 있어요.

이정모, 〈롱블랙〉 인터뷰 중에서

마케터로서 일을 잘한다는 건 뭘까. 사회생활을 막 시작했을 무렵,
내게 좋은 마케터란 '어떻게든 해내는 사람'이었다. 어떤 문제가 닥
쳐도 번뜩이는 아이디어나 기발한 레퍼런스를 떠올려 적용하고, 누
군가를 수소문해 데려와서라도 끝끝내 해결하는 사람. 카피 한 줄
쓰는 데도 머리를 싸매던 내게 그들 모두는 선망의 대상이었다.

다만 착오가 하나 있었다. '어떻게든 해내는 사람'의 외면에만
집중한 것이다. 공교롭게도 일 잘하는 마케터들은 하나같이 '인싸'

였다. 발랄하고 쾌활하고 주도적이었고, 주변은 사람으로 가득했고, 그들은 늘 그 속에서 답을 얻었다. 부러웠다. 그리고 낙담했다. 진또배기 내향인에게는 오르지 못할 산으로 다가왔다. 실제로 절반은 맞는 말이다. 내향인과 외향인 중 마케터의 직업적 특성이 어느 쪽과 더 어울리냐 묻는다면 억울하지만 나와는 반대편 방향을 가리킬 것이다.

다행히 우연한 발견 하나가 나를 해방시켰다. 일잘러 마케터는 어떻게든 해내는 사람이면서, 동시에 일단 해보는 사람이기도 했다. 그들 주변에 사람이 많았던 건 여기저기 물어보고 이런저런 시도를 했기에 빚어진 자연스러운 현상이었다. 더불어 기어코 해보려는 사람에게는 특유의 기운이 있다. 그것이 믿음직스러운 카리스마일 때도, 처연한 안간힘일 때도 있지만 돕고 싶은 마음이 드는 건 매한가지다. 그렇게 하나둘 손이 보태진다. 그럼 요지부동하던 일이 천천히 굴러가기 시작한다.

우선 해본다는 건 '하면 된다'와 같은 구호가 아니다. 일과 마주하는 직업인의 기본 자세에 더 가깝다. 난이도 높고 까다로운 업무더라도 일단 한번 부딪쳐본다. 안 되는 이유보다 할 수 있는 방법을 먼저 고민한다. 당장의 셈보다 일이 가져다줄 미래의 효능감을 감지해낸다. 내가 정의하는 '일단 해보는 마케터'는 그런 태도로 무장한 채 일과 맞서는 이들이다. 인싸든 아싸든, 내향인이든 외향인이든, 마케터로서의 센스가 있든 없든간에 훈련하여 배양할 수 있는 직업적 근육이다. 물론 누군가는 말할 것이다. 말은 참 쉽다고.

압니다, 너무 잘 알지요. (영화 〈변호인〉의 명대사를 꼭 해보고 싶었다) 그런데 쉬운 게 아니기에 군이 이야기하는 것이다. 사실 업력이 쌓일수록 일단 해보는 사람이 되기 점점 어려워진다. 똥을 꼭 먹어봐야 아냐는 생각으로 합리화하고, 힘든 건 적당히 피하며 안 될 게 뻔한 일은 군이 안 한다. 그것이 제한된 에너지를 효율적으로 쓰는 방법일 수 있지만 무조건 현명한 직장 생활이라 생각하진 않는다. 그 대단한 AI조차도 식빵에 건포도 두 개 붙인 걸 강아지라 인식하는 것처럼, 우리 또한 아무리 업력이 쌓였다 한들 매번 그 판단이 정확할 순 없다.

연차가 쌓일수록 성장을 위한 리스크 감수보다 위험을 줄이는 선택에 익숙해진다. 껄끄러운 일의 상당수는 하이리스크-로리턴의 성격을 띠고, 우리는 대개 그런 일을 군이 나서서 하지 않는다. 하지만 아이러니하게도, 이게 할 만한 일인지 아닌지 판단하는 가장 정확한 방법은 일단 해보는 것이다. 바꿔 말해, 일단 해보는 사람은 일의 되고 안 됨을 상대적으로 더 정확히 판단하고, 안 되는 이유를 알고 있으니 되게 하는 법도 더 쉽게 찾는다. '일잘러'라는 것이 이와 다른 개념이라 생각하지 않는다.

2021년 말, 〈주간 배짱이〉의 시작부터 함께한 장수 코너이자 매달 새로운 작가의 음식 에세이를 연재하던 '요즘 사는 맛'이 책으로 출간되는 기회를 얻었다. 이미 1년여의 연재를 통해 훌륭한 작가님들의 글을 차곡차곡 쌓아왔기에, 그것들을 잘 엮어 출간만 하면 되는 일이었다. 다만 일에도 맛이라는 게 있다면 무언가 살짝 아쉬웠다. 지금도 나쁘진 않은데 왠지 2퍼센트 부족한, 딱 하나만 들어가면 더 완벽해질 것 같은 마음. 일을 하다 보면 종종 생기는 욕심이다. 재밌게도 동기화된 디바이스처럼 팀원 모두가 같은 마음이었다.

자연스레 목적은 명확해졌다. '요즘 사는 맛' 출간 프로젝트의 맛을 돋게 할 '킥'을 찾아보자. 의견이 모인 건 오직 책에서만 만날 수 있는 스페셜 작가의 섭외였다. 늘 그렇지만 문제는 제한된 예산, 그리고 출간까지 넉넉지 않은 시간이었다. 여러 얼굴을 떠올리며 위시 리스트를 적어나갔다.

우선순위를 정할 땐 현실 감각과 한참 떨어진 대상을 꼭 하나씩 넣곤 한다. 행복 회로를 최대치로 돌렸을 때의 결과를 정의하는 건 섭외의 방향성을 밝히는 데 도움이 된다. 물론 꼭 그런 현실적인 이유가 아니어도 괜찮다. 재밌지 않나. 반에서 몇 등 하든 서울대 가는 상상은 한 번씩 해보는 것처럼.

우리는 우선순위 맨 위에 박정민 배우의 이름을 새겼다. 사실 우리가 바라는 모든 조건을 갖춘 분이었다. 존재만으로 이목을 끌 수 있고, 에세이 필력도 검증된 데다, 우리 모두 열렬한 팬이었기에 행복 회로가 뜨끈해질 정도로 그의 이름을 한땀 한땀 적어 넣었다. 하지만 알고 있었다. 될 리가 없다. 인맥은커녕 콘택 포인트조차 없던 우리에게 섭외는 무속 신앙에 가까운 희망어린 주문이었다.

그런데 놀라운 건, 섭외가 됐다는 사실이다. 되든 안 되든 해보자는 결의가 하늘에 닿은 걸까. 점점 무속적 성격의 책으로 흐르는 것 같아 두렵지만 승낙 메일을 받았을 땐 그 생각밖에 들지 않았다. 물론 할 수 있는 모든 노력은 다했다. 배우의 책은 물론, 그가 연 서점에 들러 공간에 서린 취향을 탐구하고, 직접 운영하는 출판사의 책들까지 섭렵했다. 이런저런 인터뷰를 찾아보며 가치관, 특히 작품 선택에서 중요히 생각하는 기준을 체크했다. 그 모든 걸 종합해 영혼을 실어 섭외 메일을 발송했다. 화살은 날아갔고 우리가 할 일은 이제 끝이었다. 후련했다. 될 거란 생각은 1그램도 없었지만 말이다.

그래서 오케이 메일을 받았을 때 오히려 우리가 더 놀랐던 기억이다. 한껏 내적 비명을 지르면서도 '이왜진'을 무수히 떠올렸다. 이후 어느 유튜브 채널을 통해, 가까운 친구가 요식업을 하고 있어 조금이나마 도움되길 바라는 마음으로 배민의 프로젝트에 참여하게 됐다는 비하인드를 알게 됐다. 그때 느꼈다. 진짜 하늘이 도왔구나. 이 책이 서점의 무속 신앙 섹션에 꽂혀 있다 해도 점점 할 말이 없어진다. 지금 생각해도 참 운이 좋은, 모든 상황이 딱 들어맞은 케이스다.

———— 이게 왜 진짜임?의 줄임말.

뜻밖의 섭외 후 우리의 흥은 핸들이 고장난 8톤 트럭과 다름 없었다. 일주일에 한 편 보내던 뉴스레터를 출간 시기에 맞춰 1회 더 편성했다. 박정민 배우의 합류 소식과 그의 글이 얼마나 매력적인지 알리는 데 몰두했다. 팀원 모두 한마음으로 일사불란하게 준비한 덕에 가능했던 일이다. 날아든 건 행운이었지만 이를 어떻게 활용할진 우리의 숙제임을 모두가 알고 있었다.

반응은 빠르게 왔다. 발원지는 배우의 팬카페였다. 회원들이 우리를 기특하게 봐주셨는지, '배민 담당자도 배우님의 팬인 것 같다'는 바이럴과 함께 출간 직후 구매 인증글이 쏟아졌다. 그렇게 《요즘 사는 맛》은 우리가 그토록 바라던 맛으로 무사히 세상에 나왔고, 출간 당일 2쇄 제작이 결정되며 에세이 부문 베스트셀러에 오른다.

'이게 되겠어?'라는 망설임에 주저하고 끝내 실행에 옮기지 않았다면 우리 모두 2퍼센트 부족한 찜찜함을 안은 채 프로젝트를 이어갔을 것이다. 그랬다면 이 책이 베스트셀러가 될 수 있었을까? 아니 그보다 우리가 이렇게 신나게 일할 수 있었을까? 좋은 성과는 포트폴리오에 한 줄을 남기지만 좋은 과정은 선명한 기억으로 더 오래 추억된다. 그런 의미에서 '요즘 사는 맛' 프로젝트는 일단 해보는 마음이 가져다준 훌륭한 결과이자 오래도록 곱씹을 성취의 과정이다.

마케터는 갖춰야 하는 것만큼 경계해야 하는 것 또한 무수하다. 그중 하나가 너무 잘하려는 마음이다. 심해지면 완벽주의로 흐르기도 하는데, 완벽주의는 맡은 바를 철저하고 꼼꼼히 챙기려는 의

지이지만 불안감이 드는 새로운 시도의 의지를 희석시킨다. 일단 해보는 사람에서 점점 멀어지는 길인 것이다. 그렇기에 잘하려는 욕심과 완벽주의 사이에서 균형 잡는 게 무엇보다 중요하다.

희망이자 절망인 말을 건넨다면, 마케터의 일 대부분은 결과를 예측할 수 없다. 아무리 레퍼런스가 쌓여 있다 한들 세상과 고객에는 너무 많은 변수가 존재한다. 다른 브랜드의 레퍼런스를 그대로 이식하더라도 같은 결과를 낸다는 건 사실상 불가능하며, 심지어 한 브랜드의 과거 성공 공식이 지금도 통용된다는 보장 또한 없다. 결국 해봐야 안다. 미래를 가늠하는 예리한 감각과 현실로 다이브해 진흙탕 속에서 결과를 만드는 것, 그렇게 마케터는 화이트 칼라 워커와 블루 칼라 워커의 속성을 양손에 쥔 채 불확실의 안개 속을 서성인다.

그런 의미에서 무의식의 시도는 이따금 심기일전의 도전보다 선명한 성과를 만든다. 별 생각 없이 시작한 일로 큰 성취를 만든 누군가의 이야기가 몇몇 천재들의 현실감 없는 사례라고만 생각하지 않는다. 잘해야 하는 결의보다 그냥 해보는 무성의함이 가끔은 더 강력하고 오래간다. 물론 그럼에도 잘해야 한다. 제 몫을 해내야 발언권을 얻을 수 있고, 스스로 가치를 증명해야 또 한 번의 기회가 주어진다. 안타깝지만 그게 우리가 딛고 선 세상의 이치다. 아마 그걸 누구보다 잘 알기에 나를 포함한 많은 이들이 잘해야 한다는 강박에, 리스크를 어떻게든 피하려는 안일함에 쉬이 빠지는 걸지도 모른다.

　다만 우리가 그토록 바라는 '잘함'의 영역조차 물 샐 틈 없는 준비만으로는 도달할 수 없다. 무거운 결심이 아닌 무심히 뻗는 가벼운 한 걸음으로, 하지만 켜켜이 쌓인 걸음의 총합으로써 가능하다. 허무하게 끝나버린 오늘 하루도 그 걸음 중 하나라 생각하면 조금은 마음이 편안해진다.

우선 해보는 사람

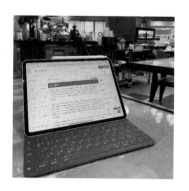

"지금 제 나이 때 뭘 준비하면 좋을까요?"

　강연에서 대학생 분들에게 자주 받는 질문이다. 기대감으로 반짝이는 눈이 무색하게, 놀고먹고 연애하다 차여서 울며 술 마시던 기억만이 떠오른다. 그래도 꾸준히 했던 한 가지가 있어 겨우 입을 뗀다.

　글쓰기. 10년 차인 게 민망할 만큼 일 잘하는 방법도, 좋은 마케터의 조건 또한 잘 모르겠다. 다만 한 가지 확실한 건, 말과 글을 양손에 무기로 쥔 이들은 어지간해선 평타 이상의 직업인이 될 수 있다. 글쓰기로 정립된 자기만의 세계는 생각보다 많은 차이를 낳는다.

　그건 글쓰기가 능력이면서 태도의 영역이기 때문이다. 글을 쓴다는 건 사유가 습관으로 자리했음을 의미한다. 자기 세계에 갇히지 않고 청자를 염두한다는 데서 특히 마케터가 잃기 쉬운, 더불어 잃어버리면 안 될 자기객관화의 감각을 일깨운다.

　요약하면 글쓰기를 무심히 시작해보라는 것. 삶의 정답이 뭔진 몰라도, 적어도 나만의 답을 정의하고 제출할 순 있다. 얼마나 많은 이들이 혼란 속에서 휩쓸리는 삶을 사는지 생각해보면 꽤 투자해봄 직한 시도다.

#글쓰기

답안지에 빠트려선 안 될 한 글자

나쁜 질문을 던지면 답을 찾아낸다 해도
그다지 멀리 가지 못하게 되지만
좋은 질문을 던지면 끝내 답을 못 찾더라도
답을 찾는 와중에 이미 꽤 멀리까지 가 있게 된다.

신형철, 《정확한 사랑의 실험》 중에서

첫 출근의 기억은 지금도 생생하다. 이른 아침 어디론가 향하는 발걸음이 '등교'가 아닌 '출근'으로 기록된 최초의 순간. 자유 복장이란 걸 알고 있음에도 굳이 '비즈니스 캐주얼'을 검색해 입은 그날의 출근룩처럼 어색함투성이의 하루였다.

첫 과제도 기억한다. 배달의민족의 개선점 스무 개 찾아오기. 놀랍게도 자신감으로 충만했다. 그 시절의 나는 비록 억지로 끌어올리긴 했으나 눈은 총기로 가득하고 의욕이 넘쳤다. 알람 소리 없이도 눈을 번쩍 뜨고, 찬물 샤워 한 번으로 아침의 노곤함을 날려버렸다. 기상 알람을 스무 개 설정하고 열번 째 알람쯤에서야 겨우 몸을 일으키는, 일어나서는 종합 비타민부터 밀크시슬까지 약만 일곱 개를 챙겨 먹는 오늘 아침과 사뭇 다른 풍경이다. 그뿐만이 아니다. 이 회사를 우리나라 최고의 브랜드로 만들겠다는, 누구도 요구한 적 없는 책임감을 짊어진 채 출근길에 나섰다. 애덤 스미스가 보이지 않는 손으로 얼굴을 감쌀 법한 수요 없는 공급이다.

넘치는 의욕은 첫 미션에 그대로 반영됐다. '한 개도, 두 개도 아닌 스무 가지 개선점을 기어코 완성한 나, 꽤 멋진 녀석일지도?' 대충 이런 자기애로 팽배했던 시절이었다. 그렇게 휘황찬란한 아이디어를 들고 당당히 사수의 문을 노크했다. 그리고 몇 분 뒤 나는 휘황찬란한 피드백과 마주하게 된다.

아이디어는 그럴듯했다. 회원 등급 체계를 더 위트 있게 개편하는 안부터 대학생들이 주로 배달시켜 먹는 동아리방을 꾸며주는 아이디어까지. (《러브하우스》 BGM을 추임새로 곁들이는 최악의 퍼포먼스도 함께 선보였다) 문제는 그럴듯한 게 전부였다는 사실이다. '있어빌리티'한 개선안은 정곡을 찌르는 질문에 와르르 무너졌다. 등급 제도를 바꾸자는 이야기는 특별한 당위성보단 그냥 재밌을 것 같아서 쓴 아이디어였다. 그런 스무 개의 개선점이 하나하나 파훼되고 조목조목 반박됐다. 합격 후 조금은 똑똑한 줄 알았던 시간은 한순간에 끝을 맺었다. 내 멘탈이 아득한 곳으로 날아갔다는 걸 알아챈 사수는 불꽃 같은 피드백을 잠시 거두고 물었다.

"상민 님, 마케팅을 공부하는 대학생과 마케팅을 직
업으로 하는 사람의 차이가 뭘까요?"

답을 할 수 없었다. 연봉 아닐까 하는 생각이 스쳤지만 그리 답했다
가는 합격 취소를 당할 것 같아 말을 아꼈다. 돌이켜보면 10년 전
그날 유일하게 잘한 일이다. 사람 마음을 쥐고 흔드는 데 선수였던
사수는 송곳 같던 피드백이 무색하게 이번에는 다정히 답을 건넸
다. 이후 10년간 이어진 마케터 생활에서 수없이 곱씹은 말이기도
하다.

"상민님은 지금까지 WHAT에 몰두했을 거예요. 어
떻게 하면 통통 튀고 재밌는 아이디어를 가져갈까, 교
수님도 모르는 신기한 사례가 뭐가 있을까, 무엇으로
사람들을 놀래킬까, 아마도 그랬겠죠. 그런데 이제 우
리는 WHY에 집중해야 해요. 마케터는 이 일을 왜 하
는지, 그것을 정의하는 것부터 시작입니다. 모든 일은
WHY에서 출발합니다."

지난 10년은 그 말을 직접 부딪치며 증명하는 시간이었다. 제대로

정의되지 않은 일은 작은 부침 앞에서도 쉽게 힘을 잃었다. 아이디어가 아무리 좋아도 의미 있는 성과까지 이어지지 못했다. 반대로 WHY가 명확히 규정돼 있을 땐 평범했던 아이디어도 비범해졌다. 위기가 찾아온들 지향점이 흔들리지 않기에 어떻게든 완주해냈다. 자연스레 일의 정의, 그리고 '왜'에 대한 집착은 습관으로 자리해갔다. 지금도 해법이 보이지 않을 땐 끝없이 왜를 외치는 왜무새가 된다. 그러다 보면 뒤엉켰던 목적이 제자리를 찾고 산발적으로 흩어진 생각이 정리되며 기획의 매무새가 단정해진다.

　4년 전 그날도 그랬다. 얼마 뒤 전 지구적 재난이 찾아올 거란 걸 상상조차 못하고 있던 2020년 초, 미션 하나가 떨어졌다. 배달의민족 공식 팬클럽인 '배짱이'를 개선하는 과제였다. 신기하게도 배민이란 브랜드는 팬이 존재해왔다. 온갖 희한한 일을 벌이고, 타 브랜드에서는 좀처럼 보기 힘든 유쾌하고 귀여운 짓을 뚝심 있게 해온 덕분이다. 좋은 의미의 기행이 쌓여가자 배달의민족에 애정을 드러내는 이들이 하나둘 보이기 시작했다. 그런 분들을 모아 탄생한 것이 배달의민족을 짱 사랑하는 이들의 모임, 배짱이였다. 배짱이는 2016년 1기를 시작으로 2기와 3기까지 나아가며 배민 브랜딩의 중추로 자리 잡았다. 심지어 한강난지공원에 4,000여 명의 배짱이들을 모아 브랜드 페스티벌인 'ㅋㅋ페스티벌'까지 개최할 정도였다.

　그러나 배짱이에도 변화의 바람이 불었다. 배달의민족이 가파르게 성장하며 사람들이 브랜드에 갖는 시각이 다양해지기 시작했다. 어떤 이에게 배민은 여전히 B급 정서의 키치하고 정감 가는 브랜드라면, 또 어떤 이에게는 사회적 책임을 다해야 하는 IT 대기업이었다. 팬 커뮤니티를 운영하는 입장에선 새로운 고민과 직면했다. 예전과 달리 사람들은 이제 저마다 다른 이유로 팬클럽의 문을 두드리고 있었다. 팬클럽의 구심점과 방향성을 어디에 둬야 할지, 쉽게 말해 어느 장단이 팬심을 요동치게 할 BPM인지 고민이 깊어졌다. 점점 심각해지는 코로나 바이러스도 문제였다. 나라 안팎으로 확산 소식이 전해지며 정황이 심상치 않게 흐르고 있었다. 팬덤을 끌어모으는 주요한 수단으로 오프라인 캠페인을 이어가던 배민 입장에서는 무시 못 할 리스크였다.

물론 가장 안전한 방법은 하던 대로 배짱이의 다음 기수를 모집하는 것이었다. 다만 도통 나아질 기미가 없는 팬데믹 상황, 하던 대로 하는 걸 그리 선호하지 않는 반골 기질의 담당자(는 나) 성향에 따라 '현상 유지'는 우선순위 맨 뒤로 밀려났다. 그렇다고 그만하자니 꾸준히 쌓아오던 배짱이라는 브랜딩 자산이 너무 아까웠다. 그럼 남은 건 하나. 제3의 방법을 찾는 것이다. 사서 고생하는 팔자가 또 한 번 들이닥쳤음을 직감했고 슬픈 직감은 역시나 틀린 적이 없다. 이런저런 팬클럽 개선안을 떠올려 봤지만 뾰족한 1안을 찾지 못했다. 결국 난제와 맞설 때마다 기대는 익숙한 단어를 끄집어냈다. 왜(Why). 우리는 왜 배짱이를 하는가.

배짱이의 시작은 배달의민족을 사랑하는 분들께 구심점을 제공하자는 것이었다. 파편적으로 존재하던 팬을 한데 모아 소속감을 부여하고, 그들과 소통하며 좋은 관계를 맺어가는 것. 궁극적으로는 팬덤의 규모를 점차 늘려, 온 국민의 배짱이화를 도모하는 것. 내가 정의한 배짱이 프로젝트는 그러했다. 이 정의를 토대로 생각하면 팬클럽은 수단이지 목적이 아니었다. 바꿔 말해, 팬클럽을 운영하기 위해 배짱이가 존재하는 건 아니었다. 목적을 충족시킬 다른 수단으로의 전환을 생각하기 시작했다.

그때 레이더에 들어온 것이 뉴스레터였다. 당시 새로운 커뮤니케이션 채널로 이메일이 급부상 중이었다. 뉴닉, 어피티 같은 뉴스레터 기반의 매체가 새롭게 떠올랐고 이슬아 작가로 대표되는 개인 창작자들 또한 자신만의 콘텐츠를 이메일에 연재하며 탄탄한 팬덤을 구축해갔다. 뉴스레터의 속성은 팬덤과의 커뮤니케이션 방법을 갈구하던 우리에게 단비로 다가왔다.

그렇게 2020년 4월 2일, 뉴스레터 〈주간 배짱이〉의 첫 번째 레터가 발송됐다. 이후 주간 배짱이는 3년 동안 이어졌다. 자체 서사를 쌓아가며 결과적으로 그 여느 때보다 큰 규모의 팬덤을 모았고, 그들과 매주 소통하는 커뮤니케이션 채널로 자리 잡았다. 기존 팬들에게는 구심력을 제공하고, 잠재적 팬에게는 음식 소재의 요상한 기획들로 덕통사고의 여지를 만들어갔다.

뉴스레터로의 전환은 기존 팬클럽 형태의 장점을 이어갈 뿐 아니라 온라인 커뮤니케이션을 통한 더 나은 피드백, 정량적 성과

측정을 가능케 했다. 그 한 글자의 질문 없이 팬클럽에만 연연했더라면, 배짱이는 기존과 별다름 없는 형태였을 것이다. 이후 수년간 이어진 팬데믹 상황을 고려하면 가슴을 쓸어내리게 된다.

몰입은 깊이를 더해주지만 일의 시야를 좁힌다. 그래서 몰입에 심취하다 보면 빛나는 아이디어에 혹은 데드라인의 조급함에 눈이 먼다. 본래의 취지에서 멀어지는 것이다. '왜'는 그럴 때마다 나를 원위치시키는 나침반이 되어준다. 너무 멀리 가지 않게, 엉뚱한 데 힘쓰지 않게. 매사에 열심인 것도 좋지만 가끔은 잘못된 질문의 늪에 빠진 건 아닌지 자문하는 과정이 필요하다. 매몰된 자신을 끄집어내려 오늘도 왜라는 밧줄에 몸을 기댄다. 내가 아는 가장 튼튼하고 믿음직한 동아줄이다.

주변에 재테크하는 사람이 많다. 진심으로 대단하다고 생각한다. 내겐 없는 부지런함으로 정보를 모으고, 내겐 없는 성실함으로 미래를 준비하는 걸 보면 '나 이렇게 살아도 되나' 싶을 정도다. (물론 그럼에도 계속 이렇게 산다)

다만 걱정도 있다. 돈의 HOW에만 몰두하는 분위기 때문이다. 술자리에서 온갖 돈 이야기가 오가지만, 돈을 어떻게 굴리고 불릴지뿐 WHAT에 대한 생각은 도통 알기 어렵다. 사실 나는 버는 이야기 말고 그걸로 뭘 할지가 더 궁금하다. 버는 건 기술이지만 쓰는 건 그 사람에 대한 이야기니까. 아직은 사람 이야기가 더 재밌다. 또 WHAT은 단단한 WHY에서 기인한다. 어떤 삶을 살아야 하는지, 언제 행복을 느끼고, 어디에서 의미를 찾는지. WHY는 성찰과 객관화를 통해 자기만의 답을 스스로 정의하는 데서 얻는다.

얼마전, 이른바 자수성가한 분과 식사할 기회가 있었다. 2시간 남짓한 식사에서, 돈 버는 기술에 대한 이야기는 10분 정도 했을까. 대부분은 행복이라는 삶의 보편적 목표 아래 왜 돈이 필요했고 무엇을 위해 돈이 필요했는지에 관한 그의 서사였다. 어쩌면 그때 더 선명해졌던 것 같다. 결국 돈도 WHY가 잘 정의된 사람이 건강하게 버는구나.

#돈

생각할수록 막막한 직업

엘리자가 말했어요! 세상은 생각대로 되지 않는다고.
하지만 생각대로 되지 않는다는 건 정말 멋져요.
생각지도 못했던 일이 일어나는 걸요.

루시 모드 몽고메리, 《빨간 머리 앤》 중에서

일을 정의하고 왜에 관한 고민을 이어가다 보면, 가끔 스스로한테
같은 질문을 던진다. 지금 이 일을 왜 하는지, 하는 게 맞는 건지. 소
위 현타가 찾아올 때마다 마케터란 직업에 근원적인 의구심을 갖는
다. 마케터의 업무 범위는 다른 직군 대비 명확하지 않다. 그래서 가
끔은 정말 별걸 다 한다 싶을 때도 있다. 그때마다 고민한다. 마케터
는 누구인가. 우리는 대체 무얼 하는 사람인가.

잠시 옆길로 새면, 어린 시절부터 나는 서른일곱에 결혼할 거

라 말하고 다녔다. 사주상 그때 결혼 운이 들어와 있는 건 아니다. 별생각 없는 호언이었다. 그 나이쯤이면 내가 아는, 또 바라는 어른이 되어 있을 거라 믿었다. 마침내 올해 서른일곱이 됐다. 어린 시절 내게 전한다. 미안하게 됐다.

이처럼 세월에 의지하는 바람은 대부분 어긋나기 마련이다. 같은 맥락으로 과거의 내게 한 번 더 미안함을 전한다. 10년 차에 접어들었지만 신입 시절의 바람과 달리 여전히 나는 이 직업을 정의하는 데 망설임이 있다. 그래도 10년 정도 하면 현명한 직업인이 되어 있을 거란 기대에 실망을 안기고 만다.

그만큼 마케터란 직업은 시원하게 정의하기 어렵다. 똑같은 마케터의 이름을 달고 있어도 회사마다 역할이 다른 경우가 허다하다. 어떤 곳은 영업 업무가 주를 이루고, 또 어떤 곳은 MD로서의 성격이 강하며, 심지어 어떤 곳은 마케팅 실무를 대행사에 전적으로 맡긴 채 총괄, 운영만을 담당한다. 유독 마케터 직군은 업계마다 요구하는 역할도, 회사 내에서 가지는 의미도 다양하다.

그래서일까? 마케터는 그 이름이 단독으로 쓰이기보다 앞에 수식어 하나씩을 달고 있다. 퍼포먼스 마케터, 브랜드 마케터, 콘텐츠 마케터, CRM 마케터, 디지털 마케터, 프로모션 마케터, 제휴 마케터 등등. 아니면 출판 마케터, F&B 마케터처럼 업계가 붙기도 한다. 물론 나처럼 사회생활에 절여진 직장인은 이름만 봐도 대강 무얼 하는지 그릴 수 있다. 문제는 지금 취업 준비 중이거나 막 이 분야에 관심 갖기 시작한 마케터 꿈나무들 아닐까 싶다. 대학생 시절 내가 품던 의문이기도 했다. 마케팅이 재밌어는 보이는데, 구체적으로 뭘 하는지 파악하기 어렵다는 점.

마케터를 정의하는 한 줄이야 어디서든 쉽게 찾을 수 있지만 그 한 줄이 전체를 품지 못하는 게 현실이다. 그러나 바꿔 생각하면 하나의 또렷한 정답이 없단 것은 수천 수만의 답이 존재함을 의미한다. 한 번이라도 비슷한 고민을 해본 마케터라면 분명 자기만의 업의 정의가 있을 것이다. 그 하나하나의 정의가 모두 정답이라고 본다. 물론 내게도 나만의 정의가 있다.

설득하는 사람. 각종 수식어를 썼다 지우고 이런저런 책과 유명 마케팅 구루들의 말도 좇았지만 돌고 돌아 내가 안착한 단어는 '설득'이다. 마케터의 존재 이유는 특정 대상을 설득해 원하는 방향으로 유도하는 데 있다. 제품을 구매하도록, 앱을 다운로드 받아 실행하도록, 가끔은 행동 아닌 인식과 마음이 변화하도록 유도하는 일이 목적이 된다.

설득에는 근거가 필요하다. 마케터는 그 근거를 발굴하고 알리는 사람들이다. 대중이 나를 선택해야 하는, 혹은 생각을 고쳐먹을 수밖에 없는 이유를 만드는 것이 마케터의 일이다. 근거의 종류에 따라 마케터의 세부적인 성격 또한 구분된다. 예를 들어 퍼포먼스 마케터는 정량적 근거에 기초해 설득한다. 할인 프로모션이나 리워드 구조를 설계해 원하는 방향의 행동을 유도한다. 데이터를 기반으로 고객 행동을 분석하고 우리의 바람과 고객의 결핍 사이 교집합을 발굴한다. 반대편에는 정성적 근거에 몰두하는 브랜드 마케터가 있다. 브랜드 마케터는 선택의 순간에 개입하는 감정적 근거, 이를테면 사랑, 허영심, 동질감, 편안함, 정의감 등을 브랜드 관점에서 살뜰히 가꾸는 이들이다. 다른 유형의 마케터 또한 설득하려 내세우는 근거의 종류, 자기만의 주무기를 기준 삼으면 구분하기가 한결 쉽다.

설득에는 언제나 대상이 있다. 고객, 사용자, 가끔은 타겟이라고도 불리는 그들은 마케터의 존재 이유이자 마케터가 하는 모든 일의 종착지다. 결국 좋은 마케터의 조건은 그들의 마음을 잘 헤아리는 것이며 그것이 이 일의 가장 큰 어려움이다. 사람의 마음이 헤아리기 쉬운 투명한 영역이었다면 인간 세상에 갈등 따윈 없었을 것이다. 그만큼 우리가 늘 마주 앉아야 할 대중에겐 냉엄한 이성과 종잡을 수 없는 감정이 혼재돼 있다. 마케터는 그 사이에서 아슬아슬히 외줄 타는 광대들이다. 예측 불가한 대중과 관계를 쌓는 이들이다. 그것이 필요에 의해 결속된 기능적 관계든, 아니면 감정으로 얼기설기 뒤엉킨 끈끈한 관계든, 각자 몸담은 브랜드의 방향성에 맞춰 단단한 연대감을 도모한다.

이리 보면 참 생각할수록 막막한 직업이다. 브랜드마다 특징이 다르고, 마주해야 하는 고객이 다르고, 쌓아온 역사가 다르기에 어느 회사에 가도 통용되는 마케팅의 왕도 따윈 없다. 적응할 새 없이 시대는 변화하고 설득 대상인 대중의 기호 또한 시시각각 바뀌는 게 현실이다. 어제의 성공 공식이 오늘은 여지없이 실패로 치달을 때 직업적 회의감이 들기도 한다. 내가 언제까지 마케터를 할 수 있을지 싶어서다. 다른 직군 대비 현업에서 활약하는 시니어가 현격히 적은 현실을 보며 적지 않은 불안을 느낀다.

그럼에도 불구하고 이 불확실성의 세계에 재미를 느끼는 변태들이 있다. 끝없는 변화와 변덕스러운 대중의 속성에 신물 나기보다 신기함을 떠올리는 이들. 언제 내 곁을 떠나도 이상할 게 없단 걸 알지만 그래도 찰나와 같은 대중과의 연결에서 쾌감을 느끼는 이들. 출제자도 정답을 모르는 시험지를 늘 빼곡히 채워 제출하고, 좌절하고, 그래도 꿋꿋이 새 시험지를 받아 드는 이들. 그런 분들을 볼 때마다 인생 편하게 살긴 글렀구나 싶어 한숨 짓다가도, 마케터로서는 최적의 조건이란 걸 부정하지 못한다. 그런 변태 중 하나가 나라서 갖는 이상한 연민이고 연대감이다. 홀홀 털고 다시 또 힘내서 잘해보자는 응원밖에 줄 게 없다. 나 또한 그리 해보겠다.

교토 여행에서 처음 맞는 아침, 커튼을 여는데 당혹스럽다. 창밖의 시야 한가운데 들어선 건 다름 아닌 학교. 오션뷰, 시티뷰도 아닌 스쿨뷰라니. 아침마다 전지적 장학사 시점으로 하루를 연다.

오늘은 체육 시간인가 보다. 분필가루로 그린 트랙을 따라 아이들이 쉼 없이 뛴다. 아, 얼마나 하기 싫을까. 수십 년 전 땀을 뻘뻘 흘리며 제발 빨리 끝나기만 바라던 나를, 그리고 몇 달 전 마라톤을 위해 암스테르담으로 떠났던 나를 동시에 떠올린다. 삶에 대해 어느 정도 깨우친 어른이 되어 있을 거란 바람과 반대편에 선 오늘의 나는 그때의 기대와 상상 중 어느 것 하나 맞는 게 없다.

어느 순간부터 명확한 미래를 그리지 않는다. 극단의 J로서 내린 큰 결심이다. 어차피 예상대로 되지 않고, 그게 꼭 나쁜 것만이 아님을 안다. 몇몇 결정들이 삶을 굴려왔고 지금도 굴러간다. 다만 행선지는 내 의지와 무관하다. 유일한 상수는 최선이 최악만은 막아준다는 것. 그렇게 정성을 다해 또 하나의 하루를 굴린다.

#여행

당신의 예산이 작고 소중하다면

정해진 규칙을 따르는 것보다, 기존의 질서를 파괴하고 새로운
규칙을 만드는 게 훨씬 쉬워요. 가격과 경쟁에서 자유로워질
수 있고 나만의 게임을 할 수 있기 때문이죠.

이본 쉬나드, 〈포춘코리아〉 인터뷰 중에서

"그건 배민이라 가능한 이야기 아닐까요?"

스타트업 혹은 스몰 브랜드의 마케터 분들이 종종 되묻는다. 드물
지만 가끔 날이 서 있는 느낌도 받는다. 처음에는 제법 당황했다. 정
말 그런가 싶어 집에 오는 내내 골똘한 생각에 빠지기도 했다. 돌이
켜보면 충분히 나올 법한 질문이었다. 배달의민족에 다니며 마주한
어려움과 숱한 실패, 이따금 거머쥔 성취가 거대 예산을 굴리는 이

의 배부른 투정 내지는 과대 포장처럼 들릴 수 있다. 특히 열악한 상황에서 분투하고 있는 마케터라면 더 그럴 것이다. 그러나 고민 끝에 내린 결론은 모 정치인의 화법처럼 모호하다.

"그럴 수도 있는데, 꼭 그런 건 아닙니다."

본격적인 이야기에 앞서 잠시 삼천포를 경유한다. 퇴근 후 글 쓰는 삶을 10년 가까이 이어가는 중이다. 그런데 글이라는 게 참 쓰면 쓸수록 야속한 구석이 있다. 무엇보다 지독한 비효율의 영역이다. 인풋 대비 아웃풋이 이만큼 불확실한 게 또 있을까 싶을 만큼. 한참을 앉아 있지만 커서의 깜빡임이 요지부동일 때도 허다하고, 한 달 내내 씨름하던 글을 갑자기 싹 밀어버린 뒤 두어 시간 만에 새로운 글을 뚝딱 써내기도 한다. 물론 오래 고민하며 고쳐 쓸수록 좋은 결과물의 확률은 올라가나, 그 과정을 쌓아가는 하루하루는 비효율의 연속이다.

비단 글쓰기만의 문제는 아닐 것이다. 창의력이 동원되는 모든 활동이 같은 딜레마를 겪는다. 투여 자원과 산출물의 퀄리티는 적어도 가시적인 범위에서는 비례하지 않는다. '창의 노동'에 해당하는 마케팅도 다르지 않다. 물론 마케팅에서 돈은 가장 주요한 자원이다. 돈 안 쓰고 하는 마케팅이란 '심플하면서 다채로운 디자인', '모든 걸 담은 간결한 UX'만큼 양립하기 어려운 개념이다. 그런데

당신의 예산이 작고 소중하다면

그만큼 중요한 돈의 많고 적음이 결과를 좌우하진 않는다. 예산이 부족해 뜻을 못 펼치는 상황만큼, 차고 넘치는 예산을 허무하게 태우는 경우 또한 어렵지 않게 목격된다. 예산과 결과의 상관관계는 생각보다 흐릿하다.

둘 사이 불명확한 인과관계는 실무자에게 얄팍한 희망과 아리송한 절망을 동시에 안긴다. 부족한 예산은 아쉬운 퍼포먼스의 변명이 될 수 있다. 하지만 그렇다 하여 무한한 합리화의 도구가 될 순 없다. 인정하기 싫어도 그래야만 하는 불편한 진실이다. 한술 더 뜨면 그 문제를 해결하라고 이 업이 존재하는 것도 어느 정도는 사실이다. 턱없이 부족한 예산으로 그 이상의 무언가를 바라는 쪽을 합리화하려는 게 아니다. 정확히는 바꿀 수 없는 것과 바꿀 수 있는 것을 구분하려는 차가운 객관화에 좀 더 가깝다. 예산이라는 바꿀 수 없는 현실에 필요 이상으로 잠식되지 말자는 각오이면서 실패를 전제하면 안 된다는 직언이다.

나라고 다를 것 없다. 작고 소중한 예산을 부여받았을 때 단전에서부터 한숨이 용솟음친다. 엑셀을 켜 요리조리 돌려 막아보지만 그 궁색함에 나부터 치를 떤다. 다만 막막함의 원인은 예산 그 자체라기보다 잘못 둔 기준이다. 우리는 관성적으로 예산이 넉넉한 상황을 가정한다. 뭐든 할 수 있는 상황을 전제한 채 고민의 첫발을 뗀다. 무심히 내세우는 그런 가정은 현실에서 결코 벌어지지 않는다. 예산은 늘 타이트하고 언제나 부족하다.

이런 현실을 외면한 채 일반적인 공식에 기대는 순간 문제가 시작된다. 유튜브 구독자를 늘려야 하는 똑같은 목적 아래, 월에 몇 억씩은 우습게 태우는 대기업과 동일 선상에서 경쟁하려니 죽을 맛이다. 킥오프 미팅도 하기 전에 이미 마음은 아사리판이다. 이는 합리적인 절망이기도 하다. 물량으로 찍어 누르는 브랜드와 강대강으로 맞서 이기는 동화 같은 스토리는 존재하지 않는다. 물론 동일한 전장에서 싸울 때 그렇다는 이야기다. 즉, 질 게 뻔한 싸움터에 나갈 이유가 없음을 뜻한다. 전장을 바꿔야 한다. 일반적인 방법론에서 벗어나야 한다. 바꿀 수 없는 것과 바꿀 수 있는 것의 차가운 구분에서 전자가 주어진 예산이라면, 전장의 선택은 후자에 속한다. 예산은 일방적으로 부여받지만 어떤 판을 짤지는 내가 결정한다.

그런 의미에서 부족한 예산은 기회가 되기도 한다. 여기서 중요하게 짚고 넘어가야 하는 것이 예산 부족은 나만 느끼는 게 아니라는 점이다. 50만 원 쥐어주면서 전 국민 모두에게 알리라 시킨다면 미련 없이 이직 준비를 시작하면 된다. 그러나 대다수는 그렇지 않다. 예산을 준 사람도, 받아서 고민하는 사람도 그 부족함에 대해 안다. 이건 유리상자가 노래한 것처럼 문이 열리는 경험이다. 이제 우리에게는 책임 적은 쾌락의 문이 열린다. 남다른 예산을 주셨으니 남다르게 해도 된다는 암묵적인 허락의 문이다. 이걸 깨닫는 순간, 마케팅의 중력에서 벗어나 우리만의 보법으로 나아갈 수 있다.

배달의민족이 처음 대중에게 이름을 알린 건 TV CF 덕분이었지만, 그 이전에 알음알음 입소문을 탄 계기가 여럿 있었다. 그중 하나가 스토어 이벤트였다. 앱 스토어에 리뷰를 남기면 추첨을 통해 경품을 주는, 당시 흔히 볼 수 있는 형식의 이벤트였다. 다만 배민의 이벤트가 조금 달랐던 건 컨셉과 선물이었다. 가령 겨울이라고 <u>넉 가래</u>를 준다거나, 개강 시즌에는 복학생을 위한 키 높이 깔창과 비비크림을 선물했고, 한 달 동안 빨래하지 말자며 양말 30켤레를 경품으로 내걸었다. 기존의 천편일률적인 형식에서 벗어났을 뿐 아니라, B급 정서의 취향을 가진 이들 눈에 띄는 계기였다. 이후 구체화된 배민 팬덤의 씨앗이기도 했다.

———— 눈이나 곡식을 한곳으로 밀어 모으는 데 쓰는 기구. 넓적한 나무 판에 긴 자루가 달렸다.

사실 독특함의 이면에는 예산이 있었다. 당시 매월 스토어 이벤트에 책정된 예산은 당신이 무얼 생각하든 그것보다 적은 규모였다. 모든 APP 기반 서비스가 유사한 이벤트를 진행하던 상황에서 동일 선상에서의 경쟁은 질 게 뻔한 싸움이었다. 그렇기에 다른 전장을 선택한 것이다. 배달의민족에 어울리는, 배달의민족만이 할 수 있는 화법과 기획이 고민되기 시작했다. 그 결과 제한된 예산은 목표 고객에 더 뾰족히 닿는 컨셉으로 이어졌다. 금액으로 따지면 너무도 소박한 경품에 과연 사람들이 반응할까 싶던 우려는 금세 해소

됐다. 실없는 이벤트에 수많은 이들이 참여했고 '배민다움'이라는 것이 브랜드 안팎으로 서서히 형성되는 계기가 되어줬다.

　같은 돈을 쓰더라도 더 임팩트 있는 프레임을 짜는 것도 방법이다. '배민신춘문예'가 배민의 대표 브랜딩 캠페인으로 자리매김한 데에는 "치킨 365마리"라는 메시지 파워도 분명 한몫했다. 대상 수상자에게 1년간 매일 1일1닭이 가능한 치킨 자유이용권을 준다는 프레임은 실제 돈으로 환산된 가치보다 더 강한 임팩트를 만들어냈다. 심지어 가끔은 돈을 거의 쓰지 않고 효과를 보기도 한다. 〈주간 배짱이〉를 통해 배민의 팬덤과 함께 만든 맛집 지도가 대표적이다. 2022년 겨울, 뉴스레터 구독자와 의기투합해 각자의 동네 떡볶이 맛집 정보를 공유하고 하나하나 취합해 공개하는 프로젝트를 진행했다. 참고로 이 프로젝트 또한 말하기 민망할 정도의 알뜰한 예산으로 기획된 케이스다. 하지만 결과는 남달랐다. 광고 콘텐츠가 아닌 사람들의 찐 떡볶이 맛집만을 모아뒀다는 바이럴과 함께 구글맵 페이지뷰가 70만을 넘어갔다. 온갖 커뮤니티와 유력 온라인 매체에 공짜로 소개된 건 덤이었다. 극한의 가성비였던 셈이다.

　설령 원하는 만큼의 예산이 온전히 주어진다 해도 고민은 여전하다. 소박한 예산을 인수분해 수준으로 쪼개어 쓰던 시간과 죽기 전까지 못 모을 돈을 일주일 만에 써버리는 시절을 한 회사에서 모두 겪었기에, 그토록 요원하던 넉넉한 예산이 마침내 현실이 되었을 때 마주한 어려움, 그 의외의 경험이 가져다준 당혹스러움은 더 깊고 진하게 다가왔다. 부자라고 다 행복한 게 아니듯 예산이 넉넉하다 하여 모든 번뇌에서 벗어나는 게 아니라는, 오히려 새로운 문제에 봉착한다는 것이 이 업의 아이러니다.

오히려 대규모 예산은 운신의 폭을 좁힌다. 큰 예산은 큰 책임을 수반하기에 뾰족함보다 리스크를 줄이는 데 목적을 둔다. 그렇게 너도나도 좋아할, 그래서 아무도 좋아하지 않을 뭉툭한 기획으로 흐른다. 수많은 곳에서 아이폰이나 백화점 상품권을 경품으로 내건 관성 가득한 이벤트를, 어느 누구에게도 기억되지 않는 크리에이티브와 어느 누구도 책임지지 않으려는 무색무취의 기획을 내놓는 이유다. 예전이야 재미없어도 물량 공세로 강제 주입이 가능했다지만 지금의 다변화된 상황에서는 그것이 무의미하다는 걸 모두가 안다. 이를 깨닫지 못한 브랜드는 소음을 발생시킬 뿐이고, 소비자는 그것들을 성실히 무시한다.

모든 창의력은 제약 속에서 탄생한다. 부족한 여건은 기존 문법의 대입을 어렵게 하고, 자연스레 전혀 다른 관점을 가져다준다. 보이지 않던 것에 시선을 두기 시작하고, 당연하다고 여긴 것에 과감히 물음표를 던지게 한다. 부족한 예산, 협소한 공간, 얼마 남지 않은 일정, 몇 없는 인력, 턱없이 낮은 인지도. 우리를 괴롭히는 핸디캡이면서 발걸음을 가볍게 만드는 각성의 계기다. 그러니 없는 예산에 쫄지 말자. 중요한 건 꺾여버린 김에 하고 싶은 거 해버리는 마음이다.

내가 좋아한 배민 프로젝트

브랜드는 만드는(making) 것이 아니라
끊임없이 쌓아가는(building) 거야.

홍성태, 《브랜드로 남는다는 것》 중에서

영화 감상이 취미라고 밝힐 때마다 '인생 영화'를 묻는 질문이 정해진 식순처럼 돌아온다. 상황에 따라, 기분에 따라, 혹은 나이 듦에 따라 시시각각 변할 수밖에 없고, 무언가를 좋아하는 마음이란 깊을 뿐더러 넓기도 한데 하나만을 콕 집는 선택의 결과로 내 취향 전체가 정의되는 기분이 영 찝찝하다. 물론 이런 생각할 시간에 그냥 퍼뜩 인생 영화 말하면 될 텐데, 인간관계가 협소한 데에는 다 이유가 있다.

하지만 어쩔 수 없다. 나 역시 손흥민의 왼발과 김연아의 오른발을 가진 나라에서 태어났기에 마케터로 보낸 지난 10년을 훑으며 같은 질문을 건넨다. 10년 동안 한 회사의 크고 작은 프로젝트에 참여해왔다. 그중에는 어깨너머로 지켜본 것도, 내가 할 수 있는 작은 기여로 동참한 것도, 여러 부서가 얽힌 대형 프로젝트에 의미 있는 일부로 참여한 것도, 정말 감사하게도 일의 결정권을 쥔 채 직접 기획, 운영하며 앞장서서 일한 경험도 있다. 자연스레 K-질문이 뒤따른다. 그중 최고의 프로젝트는 무엇이었는지.

가장 좋아하는, 그리고 최고라 생각하는 배달의민족 캠페인으로 나는 늘 '잡지 테러'를 꼽는다. 조금 의외일지도 모르겠다. 온라인 커뮤니티를 떠들썩하게 뒤흔들거나 수십만 명의 참여로 언론에 대서특필된 적도 없어서다. 하지만 잡지 테러는 내가 생각하는 브랜딩의 본질을 온전히 담고 있다. 동시에 배달의민족 브랜딩의 본체이기도 하다.

잡지 테러는 매달 하나의 잡지를 선정, 그 잡지의 성격과 어울리는 한 줄 카피로 지면 광고를 싣는 프로젝트다. 흰 바탕에 배달의민족 한나체로 쓴 카피 한 줄만이 들어가기에, 처음에는 잡지 담당자로부터 파일을 잘못 보낸 거 아니냐는 문의 전화가 걸려왔다고 한다. 그러나 효과는 분명했다. 화려한 이미지로 가득한 잡지에 모든 걸 덜어낸 광고를 실었고, 오히려 그래서 눈에 잘 띄는 아이러니였다.

이제는 하나의 고유명사가 된 '배민다움'의 관점에서도 잡지 테러는 가장 배달의민족스럽고, 또 배달의민족다운 프로젝트였다. 흰바탕 위 검정 글씨라는 브랜드 전통의 레이아웃, 카피라이팅을 대단히 중요하게 생각하는 브랜드의 성향, 그리고 한 줄에 담긴 간결함과 위트는 예나 지금이나 배민 브랜딩의 중추를 이룬다.

잡지 테러는 이제 막 배민에 발을 들인 이들에게 브랜드 문화를 체득하는 학습의 장이기도 했다. 특히 주니어 레벨의 구성원에게는 최적의 입문서였다. 매달 새로운 잡지를 선정해 진행하기에 한 달이라는 짧고 부담 없는 호흡으로 참여할 수 있었다. 게다가 수년간 이어온 프로젝트라 최악의 상황을 방지하는 여러 노하우가 쌓여 있어 실패의 리스크 또한 높지 않았다.

마케팅 조직에서 이런 캠페인의 존재는 큰 힘이 되기 마련이다. 주변을 둘러보면 마케터 개인의 장점과 브랜드 결이 미묘히 다른 경우가 적지 않다. 그런 의미에서 브랜드에의 적응과 합이 참 중요한데, 잡지 테러는 그 간극을 빠르게 좁힘과 동시에 새로운 구성원을 조직에 안착시키는 역할을 톡톡히 해냈다.

더불어 신입 구성원에게 마케터의 관점을 알려주는 좋은 교보재였다. 특정 관심사의 사람들이 밀도 있게 보는 잡지라는 매체 특성은 '타겟팅'의 훌륭한 배움터였다. 잡지를 볼 법한 사람들을 상상하고, 그들이 쓰는 언어와 그들만이 공유하는 문화를 조사해 한 줄 안에 담아야 했기 때문이다. 마케팅의 기본이라 할 수 있는 뾰족한 메시지를 한 달만에 어렴풋이 배우게 된 것이다.

예를 들어 2016년 5월 뮤지컬 매거진 〈더뮤지컬〉에 실린 잡지 테러 문구 "굶은 베르테르의 슬픔"이나 2015년 2월 카이스트 새내기를 위한 안내 책자에 실렸던 "궁동의 놀라운 치킨집을 찾아냈으나 여백이 부족해 적지 않는다"는 다른 잡지에는 실을 수 없거나 효과가 미비할 수밖에 없는, 명확한 타겟팅의 산물이다.

_____ 궁동은 카이스트가 자리한 동네 지명이며, 명시된 카피는 프랑스의 유명 수학자 피에르 드 페르마가 남긴 '페르마의 마지막 정리'의 유명 문구("실로 놀라운 증명법을 발견했으나 여백이 부족하여 적지 않겠다")를 패러디한 것이다. 카이스트 출신 구성원이 낸 아이디어로, 분명 어떤 내용인지 설명을 듣긴 했는데 문과 출신의 필자는 조금도 알아듣지 못했다.

마지막으로 잡지 테러는 시작부터 마무리에 이르는 방식에 있어 무척이나 배민다웠다. 잡지 테러의 알파이자 오메가인 카피 한 줄은 철저한 집단 지성의 산물이었다. 담당자가 있긴 했으나 애초에 카피 도출의 책임이 온전히 그에게 있는 구조가 아니었다. 일차적인 고민은 담당자의 몫이나, 뾰족한 A안이 떠오르지 않을 땐 메신저 창에 부담 없이 (하지만 호들갑을 실어) 외치면 된다.

"여러분, 큰일 났습니다. 카피가 나오지 않습니다."

카피 디폴트 선언 후에는 늘 익숙한 움직이 포착됐다. 마케터들뿐 아니라 디자이너, 이후에는 전사 구성원들이 카피 원기옥을 모아주는 형태로 점점 발전해갔다. 놀라운 건 A안으로 채택되는 카피의 상당수가 다른 직군에서 나온다는 점이었다. 가령 과학 기술 잡지에는 개발자들의 덕후력이 마음껏 발휘됐고, 애니메이션 잡지를 다루는 달이면 회사 곳곳에 숨어 있던 애니 마니아들이 정체를 드러냈다. 그만큼 잡지 테러는 특정 부서의 프로젝트가 아닌, 회사 구성원 모두가 참여할 수 있고 또 주인의식을 가질 수 있는 일이었다. 말 그대로 배민다움의 총체가 이 프로젝트에 온전히 담겨 있었다.

그러나 잡지 테러를 최고로 꼽는 가장 큰 이유는 꾸준함이다. 잡지 테러는 2012년 월간 〈디자인〉 12월호를 시작으로 2020년 11월 100번째 테러까지 무려 8년 동안 지속되었고, "둘이 먹다가 하나는 왜 죽었을까?"(추리 잡지 〈미스테리아〉), "전방에 함성 3초간 발사 믹소스"(군사 잡지 〈플래툰〉), "왼손은 포장을 걸을 뿐"(만화 잡지 〈코믹 챔프〉) 등 주옥 같은 카피를 남겼다. 초기에는 배달의민족을 알리고 배민다움을 정의하는 차원에서 의미가 있었다면, 브랜드가 일정 궤도에 오른 후부터는 우리다운 모습을 유지하되 얼마나 다채로운 변화를 꾀할 수 있는지 증명하는 실험의 장이 됐다.

잡지 테러는 8년 동안 '매달 잡지 하나를 선정, 흰 바탕 위 검은 글씨의 한 줄 카피 광고를 싣는다'는 기본 골조만 유지했을 뿐, 그 외의 측면에서는 계속 변화해갔다. 앞서 언급했듯 카피를 공모하는 방식이 크리에이티브 그룹에서 전체 구성원으로 점점 확장되었고, 최종 결과물을 선보이고 아카이빙하는 방식 또한 사진 촬영에서 유튜브 시대에 발맞춰 15초 내외의 영상으로 변화했다. (배달의민족 블로그 속 잡지 테러 아카이빙과 공식 유튜브 채널의 영상 아카이빙을 비교해보시길 권한다)

많은 이들이 배달의민족을 폭발력의 브랜드로 기억한다. 틀린 말은 아니다. 다른 브랜드가 잘 하지 않던 방식의 TV CF, 브랜딩, 마케팅 활동을 연이어 선보여왔다. 그런데 나는 배민을 폭발력보다 꾸준함의 브랜드로 정의한다. 빠르게 시도했다 접은 (정확히는 망한) 캠페인도 많지만 대다수는 당장의 가시적인 성과가 없더라도 두어 번 더 해보는 문화가 자리 잡혀 있었다. 실패를 성과 판단의 기준으로 삼지 않는 문화 덕분이었다. 대신 생각만큼의 결과가 안 나왔을 땐 결정한 사람, 준비한 사람, 관여된 사람들이 머리를 모아 원인과 이유를 논의했다.

찬찬히 뜯어보면 배민에는 의외로 장수 캠페인들이 더러 존재한다. 봄마다 개최한 전 국민 드립 대잔치 '배민신춘문예'가 6년(2015년~2022년), 매달 숨은 음악 맛집을 소개하는 '배민라이브'가 5년(2018년 3월~2023년 6월), 새해를 준비하는 필수템인 '배민문방구 일력'이 6년(2017년~2023년), 매주 목요일마다 발송한 배달의민족 뉴스레터 〈주간 배짱이〉도 3년(2020년 4월~2023년 5월)을 이어갔다.

꾸준함이 무조건 좋은 브랜딩을 낳는 건 아니다. 다만 브랜딩에 두각을 드러내는 곳들은 하나같이 꾸준히 한다. 꾸준히 하되 관성적으로 이어가는 게 아니라, 본질을 지키며 시대의 흐름에 맞는 외피만을 갈아입는다. 마케팅 교과서에 지겹게 등장하는 코카콜라가, 애플이, 앱솔루트 보드카가, 할리 데이비슨이, 닌텐도와 맥도날드가 그렇다.

콘텐츠의 휘발성이 극도로 높아진 시대다. 예전처럼 한두 번의 대박 영상이나 막대한 예산을 부어 대중에게 들이민 콘텐츠만으로는 사람들의 마음을 움직이지 못한다. 그래서 요즘 좋은 브랜드는 등장이 아니라 발견된다. 기회가 없어 조명받지 못했거나, 시대와 사조의 변화에 따라 이제야 빛을 보게 됐거나, 그 외 어떤 계기로든 꾸준히 자신만의 서사를 쌓아 올린 브랜드만이 까다로운 대중의 시선을 잡아끈다. 마케터라면 장사치의 마인드와 방망이 깎는 노인의 뚝심을 양손 모두에 쥐고 있어야 한다. 열심히 돈을 버는 한편 퇴근해서는 방망이 작업실에 들어가는 마음으로. 그러다 보면 물어물어 찾아온 사람이 문을 두드릴 것이다. 그리고는 묻겠지. 혹시 그 방망이 살 수 있냐고.

진정성은 얼마나 돈이 되는가

성공한 기업들 사이에 공통으로 발견되는 사실은 이들 사이에
아무런 공통점도 없다는 것이다. 성공한 기업들은 별종이다.
그들은 극단에 있다. 극도로 빠르거나 극도로 느리다.
엄청나게 비싸거나 엄청나게 싸다.
무지하게 크거나 무지하게 작다.

세스 고딘, 《보랏빛 소가 온다》 중에서

요즘 브랜드의 각광과 추락은 김은숙 작가의 그것처럼 예상 불가능
한 전개를 띤다. 눈여겨본 어느 브랜드는 잠깐의 활약이 무색할 만
큼 빠르게 잊혀졌고 잠재력 충만했던 몇몇 곳도 가능성을 이어가지
못한 채 희석됐다. 자연스레 브랜드를 보는 시각 또한 보수적으로
바뀌어간다. 찰나의 화제성에 현혹되지 않고 마음속 체에서 거르고
거르면 어떤 브랜드가 남을까? 다행히 내겐 하나의 이름이 떠오른
다. 성심당. 대전의 대표 빵집이다.

개인적으로 빼어난 브랜드의 기준을 다음과 같이 둔다. 1) 브랜드의 제품 혹은 서비스가 탁월한가 2) 브랜드 고유의 색과 철학이 있는가 3) 그것을 꾸준히 지속해왔는가 4) 동시대적인 면을 띠는가. 성심당은 이 기준을 모두 충족하는 몇 안 되는 브랜드다. 우선 제품력에 대해서는 길게 말할 필요가 없어 보인다. 지금의 성심당을 있게 한 '튀김소보로'는 1980년 출시 직후 센세이션한 인기와 함께 40년이 지난 지금도 브랜드 대표 제품으로 자리해 있다. 시그니처 메뉴 하나에 기대는 원툴 브랜드냐, 그것도 아니다. 튀김소보로의 스핀오프격인 '튀소구마'부터 역시나 베스트셀러 반열에 오른 '판타롱부추빵', 얼마 전 과소 광고 논란으로 한바탕 바이럴을 탄 '딸기 시루 2.3kg' 케이크까지. 이 글을 쓰고 있는 빵돌이의 침샘이 마르지 않을 만큼 성심당의 제품 라인업은 말 그대로 빵빵하다.

프로덕트(Product) 관점에서 성심당의 탁월함은 맛에만 있지 않다. 성심당의 역사를 훑다 보면 의외로 '전국 최초' 타이틀을 자주 발견하게 된다. 우리나라 최초로 포장 빙수를 개발하고 생크림 케이크를 처음 도입해 대중화시킨 것 또한 성심당이다. 성심당을 전국구 브랜드로 만든 튀김소보로 역시 치열한 R&D를 거쳐 탄생한, 당시로서는 새로운 개념의 빵이었다. 그렇다고 트렌드에 둔감하지도 않다. 매장을 방문해보면 앙버터, 크림치즈, 오징어먹물, 새우 같은 재료를 활용한 별의별 빵이 가득해 깜짝 놀라게 된다. 자신이 개척한 역사에 스스로 갇힌 몇몇 브랜드의 전철을 성심당은 밟지 않고 있다.

브랜드로서의 꾸준함은 경이로울 정도다. 독실한 천주교 신자였던 창업주의 철학과 '당일 생산한 빵은 당일 소진하며 팔다 남은 빵은 어려운 이웃에 나눈다'는 원칙은 1956년 개업 이래 70년 가까이 지난 지금에도 이어져 내려온다. 그 위로 세월을 덧대며 성심당의 고유함은 한층 깊어지는 중이다. 무리한 확장과 화재 사고로 문 닫기 직전까지 갔다가 기적처럼 부활한 이야기, 87년 6월 항쟁 당시 시위대에게 빵을 나눠줬다는 이유로 옥고를 치를 뻔한 사건, 장사가 너무 잘 되는 바람에 나눌 빵이 부족해지자 기부용 빵을 더 만들었다는 감동 실화가 브랜드의 뿌리를 더 단단히 만들어준다. 2014년 한국을 방문한 프란치스코 교황님이 성심당 빵으로 아침 식사를 해결한 것 또한 유명한 일화다. 성심당 본점에 가면 당시 교황께 대접한 스콘을 특별 메뉴로 만나볼 수 있다. 우리나라에서 교황님을 브랜딩 소재로 활용할 수 있는 곳이 몇이나 될까? 이처럼 성심당만의 고유함과 그 원천인 꾸준함은 모든 브랜드의 훌륭한 교보재다.

성심당이 가장 빼어난 건 묵묵히 자기만의 게임을 한다는 점이다. 대표적인 것이 그들이 갖고 있는 지역성이다. 지금도 성심당은 대전에만 직영 매장을 둔다. 지역민과의 의리로도 볼 수 있으나 참 영리한 전략적 선택이다. 전국에 매장을 내고 확장해야만 성장할 수 있다는 통념과 달리, 성심당은 로컬(local)의 색을 잃지 않으면서도 비(非) 프랜차이즈 제과점 기준 전국 매출 1위를 기록, 2023년 추정 매출은 1,000억을 넘어섰다. 100억 매출 돌파 뉴스가 나온 지 단 10년 만의 일이다. 로컬 브랜드의 가치가 최근에서야 조명되기 시작했음을 감안하면 놀라운 혜안이다. 특히 지방에서 유명세를 떨치던 몇몇 빵집이 전국 진출 후 브랜드 색을 잃고 고전 중인 걸 볼 때마다 성심당의 이런 결정은 더욱 부각된다.

좋은 브랜드의 기준을 충족하는 곳은 으레 팬덤을 얻는다. 성심당도 마찬가지다. 공식 팬클럽은 아니더라도 그들은 가장 광범위하고 또렷한 팬덤을 보유 중이다. 바로 대전 사람들. 노잼시티라 놀림 받는 대전 최후의 보루로서 성심당은 대전인의 자부심이자 도시의 정체성이기도 하다. 설령 본인은 성심당의 특별함을 잘 모르겠다 말하는 친구조차 어린 시절 부모님이 사온 성심당 빵을 먹으며 자랐다. 직접 소비하진 않을지언정 부모님과의 추억으로 얽힌 남다른 브랜드다.

자연스레 대전과 성심당 사이에는 재밌는 일화가 그득하다. 대전시에서 진행한 조사에서 '대전 관광객의 추천 여행지 1위' 성심당, '대전 관광객의 선호 음식 1위' 성심당 빵, '대전 관광객의 선호 기념품 1위' 성심당 빵이라는 충격적 결과가 주목받기도 했다. 브랜드 하나가 지역 사회에 어떤 영향력을 끼치고 있는지 체감케 한다. K리그의 에피소드도 가져와 본다. 홈팀 대전의 승리가 임박하면 서포터즈들이 걸개 하나를 들어올리는데, 거기에는 "빵 사러 온겨?"

라는 충청도식 도발이 적혀 있다. 원정 온 타 팀팬 입장에서는 속이 터지는 상황이다. 안 그래도 멀리까지 와 진 것도 서러운데 진짜 다들 한 손에 성심당 빵 봉지가 들려 있어 더 부들거리게 된다는 이야기가 전해진다.

참 보면 볼수록 신기하다. 브랜드 하나가 지역사회를 대표하고 구성원으로부터 이만큼 오랜 시간 절대적인 지지를 받는 것, 수많은 외지인들 또한 올 때마다 기꺼이 줄을 선다는 것, 요즘처럼 비하와 깎아내리는 풍조가 팽배한 시기에 눈 씻고 찾아보기 힘든 사례다. 이런 성심당을 만든 데에는 앞서 언급한 이유 말고도 수많은 요소들이 얽혀 있다. 다만 그 모든 것을 하나의 단어로 압축해보려 한다.

고결함. 우아하고 고상함과 동시에 그것을 취하는 과정이 떳떳하고 올곧을 때 칭하는 수식이다. 내게는 성심당이 이 단어와 그리 멀지 않은 곳에 자리한다. 성심당에는 분명 고결함이 서려 있다. 그들이 지나온 역사와 행보가 이를 증명한다. 모든 브랜드의 귀감이라 할 만하다. 고유하고 끈질긴 브랜딩이 사업적 성공은 물론이고 영속성과 팬덤까지 안겨줬다는 사실은, 이 업에 있는 사람에게 든든한 버팀목처럼 느껴진다. 더불어 약간의 막막함도 생긴다. 오랜 시간 사랑받는 브랜드가 되려면 잘하는 것만으론 부족하고 고결함의 영역까지 나아가야 한다는 걸 되새기게 된다. 브랜딩이 모호하고 어려운 이유가 그것 아닐까.

그나마 다행히도, 최근 들어 브랜딩을 둘러싼 공기가 확연히 바뀌었다. 이제는 정말 많은 이들이 브랜딩의 필요성을 강조한다. 의심 가득한 시선이었던 과거에 비해 실질적인 논의와 구체적인 방법론이 오간다. 브랜딩이 쓸데없는 유난 정도로 취급받던 게 불과 몇 해 전이었던 걸 떠올리며 이 길이 틀리지 않았다는 미약한 확신마저 갖는다.

브랜드의 생존은 결국 대체 여부에 달려 있다. 대체되지 않는 브랜드만이 살아남는다. 예전부터 그래왔고 지금도 유효한 명제다. 문제는 우리가 말도 안 되는 속도로 모든 게 대체되는 시대에 들어섰다는 비극이다. 절대 무너질 리 없다고 생각한 것들이 속절없이 힘을 잃어가는 모습을 실시간으로 목격하고 있다. 특히 기술에 기반한 대체는 시장의 패권 자체를 뒤집어놓는 양상을 보이면서 우리를 그 이전의 시대로 돌아갈 수 없게 만든다. 더는 배달의민족 이전의 시대로, 로켓 배송 이전의 시대로, 넷플릭스 이전의 시대로 돌아갈 수 없는 것처럼 말이다. 챗GPT를 필두로 본격적으로 막이 오른 AI 시대는 더 많은 변화를 야기할 것이다. 얼마나 많은 것들이 역사의 뒤안길로 사라질지 가늠조차 어렵다.

그럼에도 공고히 자기 자리를 지키는 브랜드들이 있다. 그들이 선택받는 건 월등히 저렴한 가격이나 압도적인 성능 같은 정량적 근거보다 정성적 이유에서다. 브랜드가 보여준 가치, 사용자와 지속적으로 쌓아온 관계, 그 브랜드를 사용하며 얻는 특정 효능감과 감정, 지지하고 응원하고 싶은 마음, 나와 동일시되는 브랜드 철학 같은, 숫자로 명확히 재단할 수 없으나 분명 우리의 선택에 지대한 영향을 주는 것들. 오직 브랜딩 차원에서 접근하고 구축할 수 있는 공든 탑이다.

브랜딩이 주목받는 시대란 새로운 기술이나 기교가 각광받는 걸 의미하지 않는다. 오히려 반대에 가깝다. 철학과 본질이 중요해진다. 잠깐의 관심을 위해 두는 무리수가 아닌 자연스러운 한 걸음 한 걸음이 꽤 근사하고 멋져야, 그리고 그 걸음을 꾸준히 쌓아야 하는 시대가 이미 시작됐다. 그런 브랜드만이 설득할 수 있고, 그런 브랜드여야만 설득되는 오늘이다. 성심당만큼 맛있는 빵집, 성심당만큼 오래된 빵집은 있을 수 있어도 그 어떤 곳도 성심당을 대체할 수 없다. 성심당을 기준 삼아 나의 걸음을 돌아본다. 시대의 걸음에 발맞추고 있는지 자문한다. 천방지축 어리둥절 빙글빙글 돌아가는 여정이라도 괜찮다. 방향이 옳다면, 온전히 나다운 걸음이라면.

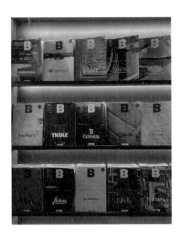

한두 번의 탁월함은 이벤트지만 꾸준함의 총합은 위대한 브랜드로 남는다. 각자의 방식으로 오랜 시간 꾸준히 쌓아가는 모든 것들에 경외심을 갖는 이유다.

한때는 나 역시도 번뜩이는 순간만을 좇았지만 지금은 내 삶이 숙성된 꾸준함으로 채워지길 바란다. 〈매거진B〉가 차곡히 쌓인 스틸북스에서 또 한 번 그 마음을 상기했다. 오늘밤도 글을 쓰고 책을 읽는다.

#매거진B
#서점#스틸북스

팬덤이 필요하세요?

브랜딩은 단지 인지도를 높이는 데 그치지 않고 브랜드의
팬덤을 만드는 단계까지 나아가야 합니다. 브랜드를 애매하게
알고 있는 100명보다 열정적으로 좋아해주는
한 명의 팬을 만드는 게 더 중요해요.

전우성, 《마음을 움직이는 일》 중에서

이 일에는 도무지 끝이 없다. 캠페인 종료를 선언하고 회고 리포트
를 완성했다 한들 그건 하나의 꽃이 피고 지는 과정일 뿐이다. 지구
에 사람이 존재하는 한, 팔아야 할 물건과 전해야 할 메시지가 있는
한, 동시에 지금처럼 쉼 없이 세상이 변하는 한, 마케터의 일은 자가
번식을 반복하며 끝없이 늘어만 갈 것이다.

그래서 방향성의 고민이 필요하다. 설령 도착지가 없다 해도
어떤 방향으로 갈지는 생각해야 한다. 즉 마케팅 혹은 브랜딩의 최

종 목적을 본인만의 언어로 규정해봐야 한다. 그 결론에 기대어, 어떤 마케터가 될 것이고 어떤 부분을 갈고닦아야 할지의 판단이 선다. 하나의 정답은 없다. 모든 마케터는 저마다의 미션과 비전, 경쟁 상황 속에 있기에 이 일의 당위성에 대해서도 각자의 정답이 있을 뿐이다.

만약 정의가 어렵다면 또 한 번 거인의 어깨에 올라타면 그만이다. 철학자 리처드 로티는 자아를 정의하는 '마지막 어휘(Final Vocabulary)'의 중요성을 강조한다. 여기서 마지막 어휘란 개인 혹은 집단이 마지막까지 의지하는 신념의 언어를 가리킨다. 직업인으로서의 나와 내 일을 정의하는 데도 적용할 수 있다. 일의 목적과 존재 이유를 수식하는 모든 단어를 나열한 뒤 중요도 순으로 하나하나 소거해보자. 나 또한 머리를 쥐어뜯으며 마지막 하나의 단어만을 남겨보았다.

돈	매출	커리어
재미	마켓쉐어	인지도
KPI	명예	사랑

내게는 그것이 '사랑'이다. 나는 브랜드의 모든 일련의 활동이 궁극적으로 사랑받기 위함이라 생각한다. 기술의 발달은 모든 분야에서 상향 평준화를 이끌어냈다. 고객과 브랜드 사이 권력의 기울기 또한 평행에 가깝게 재편됐다. 기술적으로 우월한 존재가 되기 힘든

시대, 이제 시선은 반대편으로 향한다. 사랑은 나음이 아닌 다름의 영역에 가장 선명히 존재감을 드러내는 단어다.

문제는 하필 이 두 글자가 내가 아는 우리말 단어 중 가장 복잡한 성격을 띤다는 데 있다. 멜로 영화 속 사랑이 가장 쉽게 떠오르는 일반적 형태라면 전혀 다른 온도의 사랑 또한 존재한다. 영화 〈기생충〉의 "그래도 (사모님) 사랑하시죠?"라는 기택의 질문에도, "아이 그럼요, 사랑하죠. 사랑이라고 봐야지"라 씁쓸히 답하는 박사장의 대사에도 어쨌거나 사랑은 자리해 있다. 소유이자 정이며, 갈망이자 편안함이고 의리이면서 충동과 집착, 혹은 정체성 확인의 수단이기도 한 사랑은 인간이 떠올릴 수 있는 가장 복잡한 감정이다. 그리고 우리는 이 복잡미묘한 감정을 특정 대상에게 열성적으로 쏟아내는 이들을 '팬'이라고 부른다. 내게는 그들이 최종 목적지의 이정표다. 브랜드의 모든 활동은 결국 더 많은 팬을 만들어 근본적으로는 공고한 팬덤에 기반해 대체되지 않는 존재가 되는 데 목적이 있다.

첫 회사가 배달의민족이었던 영향을 무시할 수 없다. 고유의 색이 또렷한 브랜드에서 10년 동안 몸담은 건 큰 행운이었고, 그 독특함에 반응하며 사랑을 보내준 팬덤과 실제로 조우한 것, 팬클럽이라는 구심점의 탄생과 이후 다양한 형태로 소통한 경험은 어디서도 겪기 힘든 더 큰 행운이었다. 팬덤의 존재와 중요성을 책으로만 익힌 게 아니었기에 지금과 같은 방향성이 생긴 셈이다.

하지만 냉정히 말해 브랜드가 팬덤을 창출하고 줄곧 이어간 사례는 그리 많지 않다. 팬덤이 오직 꾸준함으로만 성취할 수 있는 관계의 결과물이라서다. 관계를 쌓는다는 건 인간의 가장 복합적인 감정을 건드리는 것이고, 동시에 긴 시간을 필요로 한다. 당장의 성과가 눈에 보이지 않고, 인풋과 아웃풋의 인과관계 또한 직관적이지 못하다. 동시에 난이도 높은 일이기도 하다. 옆 동네보다 1,000원 더 싸게 제안하는 것이 합리적이고 이성적인 정량적 근거를 만들어준다면 브랜딩은 '그럼에도 불구하고' 우리를 선택할 수밖에 없는 정성적 이유를 부여한다.

얼핏 봐도 쉽지 않은 일이지만, 장기적 관점에서 팬덤의 중요성을 인지하고 브랜딩을 탄탄히 쌓아가는 곳들이 하나둘 모습을 드러내는 요즘이다. 규모의 마케팅은 여전히 유효하나 잠깐의 번뜩임으로 그친다. 본질의 고민 없이 유행에 따르는 마케팅은 기능적으로 소비될 뿐이다. 똑똑한 브랜드는 그 한계를 명확히 인지한다. 그래서 업의 본질과 브랜드의 존재 이유를 정의하고 이를 매력적인 메시지로 정제하여 말을 건넨다. 강렬한 인상을 심어줌과 동시에 끈적한 유착 관계를 형성하며 점진적으로 확장해간다. 브랜딩 잘하는 곳들의 일반적인 서사다.

재밌는 건 요즘 이렇게 자기만의 멋진 서사를 쌓아가는 곳들 대부분이 자본과 인력을 갖춘 대기업이 아닌 스몰 브랜드란 점이다. '행복'을 모티브로 브랜드를 전개해가는 오롤리데이도 그중 하나다. 오롤리데이는 앞서 언급한 좋은 브랜딩의 흐름을 교과서적으로 따른다. 당신의 삶을 더 행복하게 만드는 데 존재 이유를 두고, 보기만 해도 웃음 짓게 되는 디자인 제품을 만들 뿐 아니라 오롤리데이의 가치에 공감하며 따르는 이들을 '해피어'로 명명해 함께 더 행복한 세상을 만들기 위해 고민한다.

그렇게 순항하던 오롤리데이에 2021년, 청천벽력과도 같은 소식이 전해졌다. 중국에서 그들의 브랜드를 통째로 베낀 짝퉁 매장이 오픈한 것이다. 단순히 몇몇 디자인을 베낀 게 아니었다. 로고, 캐릭터, 슬로건까지 그대로 도용했고 심지어 중국에 상표권 등록까지 해버리는 대담한 짓을 벌였다. 한술 더 떠 합법적인 과정을 통해 정품을 판매하는 바이어들을 협박하는 상황에 이르렀다. 이건 제품 카피 수준이 아닌 브랜드를 송두리째 빼앗으려는 의도였다. 오롤리데이는 상황 파악 후 빠르게 대응을 준비했으나 현실적인 문제에 직면한다. 소송 진행과 대응을 위한 비용이었다. 1억 원이 훌쩍 넘는 금액은 스몰 브랜드에게 버거운 액수였다.

오롤리데이는 팬들에게 도움을 청하기로 한다. 공식 유튜브를 통해 위기 상황을 알렸고, 크라우드펀딩 형식으로 상표권과 지식재산권 소송 비용 모금에 나서기로 결정했다. 많은 이들이 이 소식에 득달같이 달려들었다. 함께 분노했고 함께 행동했다. 유력 언론에서도 이 사안을 다룰 만큼 오롤리데이의 위기는 점차 새로운 국면으로 접어들었다. 약 보름간 진행된 크라우드펀딩은 목표 금액인 5,000만 원을 훌쩍 넘어서며 종료됐다. 팬들이 오롤리데이를 지킨 것이다.

　이 사건은 오롤리데이의 큰 위기이면서 브랜드 파워를 보여준 증명의 장이었다. 오롤리데이가 그동안 얼마나 탄탄하게 브랜드의 내실을 다져왔고, 그들의 메시지가 얼마나 많은 이들에게 공감을 가져다주었으며, 동시에 사용자들과 어떻게 긴밀히 관계 맺어왔는지 보여준 계기였다. 브랜드 정의, 정의에 기반한 메시지, 메시지에 호응하는 사람들, 그들에게 소속감을 부여하고 팬덤으로 육성하는 것까지. 오늘도 오롤리데이는 내가 생각하는 브랜딩의 왕도를 찬찬히 걷고 있다. 2023년 9월에는 성수동 가장 번화한 거리에 그들의 오프라인 스토어 '해피어마트'가 문을 열었다. 여전히 그들은 순항 중이다.

　팬덤의 힘은 반면교사의 사례로도 가늠할 수 있다. 안일한 행보로 공고했던 팬덤이 무너져내린 경우다. 대표적인 것이 스타워즈다. 단순 영화를 넘어 미국 대중 문화의 상징이자 가장 큰 팬덤을 지닌 프랜차이즈였던 스타워즈 시리즈는 최근 위기를 맞고 있는 중이다. 그 중심에는 등 돌린 팬덤이 있다.

　문제가 된 작품은 스타워즈 시퀄 3부작의 두 번째 편이자, 스타워즈 전체 시리즈의 여덟 번째 작품인 〈스타워즈: 라스트 제다이〉다. 이 영화는 개봉 후 팬들로부터 갖은 혹평을 받았다. 기존 스타워즈 세계관의 중요 설정을 무너뜨렸고, 전작에서 목숨 걸고 싸운 위대한 전쟁을 무의미하게 만들었으며, 루크 스카이워커로 대표되는 시리즈 근본 캐릭터에 모욕과 다름 없는 역할을 부여했다는 것이다.

<blockquote>
_____ 스타워즈 프랜차이즈를 만든 루카스 필름이 디즈니에 인수된 후 제작한 스타워즈 속편 3부작. 2015년 개봉한 〈스타워즈: 깨어난 포스〉를 시작으로 2017년 〈스타워즈: 라스트 제다이〉, 2019년 〈스타워즈: 라이즈 오브 스카이워커〉로 이어졌다.

_____ 세계관 내 우주 최고의 전사이자 팬들 사이에서 최고 인기 캐릭터였다. 그런 그가 우스꽝스럽게 묘사된 데다 제자이자 조카인 벤을 죽이려 했다는 설정까지 더해져 수십 년간 쌓아온 성장 서사를 무너뜨리는 전개라는 목소리가 높았다.
</blockquote>

더 큰 문제는 팬덤과의 소통에 있었다. 언론과 평론가, 제작진은 그들이 영화에 문외한이라며 무시했고, 스타워즈 시리즈가 내건 새로운 가치에 반기를 드는 차별주의자라고 몰아갔다. 우리가 맞고 너희가 틀렸다는 태도가 이어지자 결국 들고 일어선 팬들은 다음 해 개봉한 스핀오프 무비 〈한 솔로: 스타워즈 스토리〉를 보이콧하기에 이른다. 그 결과 50년 가까운 스타워즈 프랜차이즈 역사에서 〈한 솔로〉는 최초로 손익분기점을 넘지 못한 흥행 실패작으로 남게 됐다.

브랜딩 그거 꼭 해야 하냐는 질문에, 정확히는 그거 돈 되냐는 질문에, 의외로 나는 열린 마음이다. 꼭 안 해도 된다. 선택의 문제다. 특히 독보적인 기술력으로 시장을 압도하고 있다면 브랜딩이나 팬덤이 꼭 필요하지 않을 수 있다. 다만 그게 아니라면, 설령 지금 독점적 지위를 갖고 있다 한들 5년 뒤, 10년 뒤에도 그럴 수 있을까? 알 수 없다. 다만 예전보다 그 리스크가 너무도 높아졌다는 사실은 자명하다. 기술 발전으로 공고했던 시장 질서가 재편되고 심지어 시장 자체가 눈 깜짝할 새 없어지기도 하는 요즘이다.

그럼 오히려 되묻고 싶다. 정말 브랜딩이 필요하지 않은지. 여러분의 브랜드가 기능적 쓰임이 다하면 언제든 대체될 수 있는 브랜드로 남아 있는 것이 과연 괜찮은지. 기술, 콘텐츠, 제품력 등 앞으로 모든 건 지금보다 더 빠른 속도로 상향 평준화될 것이다. 자연스레 선택의 이유에 있어 '나음'의 비율은 줄어들 테고 사람들은 저마다의 기호를 쫓는 '다름'의 기준을 세울 것이다. 최고는 아닐지언정 유일한 존재가 되는 것. 기능이 아닌 감정으로 연결된 브랜드가 되는 것. 그리고 사랑받는 브랜드로 자리하는 것. 내가 정의하는 내일의 존재 이유이자 마지막 문장의 마침표다.

2부

퇴사 전에 보세요

세력의 싸움

일상을 살 때

일말의 쓸모 없는

취미가 밥 먹여준다

내 영혼은 온갖 생각과 취향과 감각에 완전히 열려 있으니
탐욕스러우리만치 있는 그대로 그 모든 것을 받아들인다.
삶이라는 고달픈 여정에 간간히 흩뿌려진 기쁨을 외면할
이유가 어디에 있을까. 그토록 귀하여
쉽게 눈에 띄는 것도 아닌데.

그자비에 드 메스트르, 《내 방 여행하는 법》 중에서

"취미가 밥 먹여주냐?"

취미 부자라면 한 번쯤 들어봤을 핀잔이다. 그런데 질문의 대상이
마케터라면, 밥까지는 모르겠고 후식 정도는 먹여준다. 평생을 잡
다한 관심사로 살아온 사람의 합리화일지도 모르겠다. 하지만 마케
터에게 취미가 얼마나 중요한지, 어떤 현실적인 도움을 주는지, 그
걸 다 떠나 취미가 삶에 어떤 풍요로움을 안기는지, 점점 그 중요성

에 확신을 갖는다.

취미
1. 전문적으로 하는 것이 아니라 즐기기 위하여 하는 일
2. 감흥을 느끼어 마음이 당기는 멋

국어사전 속 취미는 이렇게 정의된다. 눈에 띄는 건 두 번째 문장이다. 감흥을 느끼어 마음이 당기는. 가만 생각해보면 마케터의 일을 함축한 표현이다. 결국 우리의 일은 감흥을 창조해 마음을 끌어당기는 데 목적을 둔다. 즉 마케터에게 취미란 우리가 성취해야 할 감각을 우리 몸 어딘가 주입해 끌어안는 행위다. 취미가 증발해버린 무미건조한 일상에서 과연 좋은 마케팅과 브랜딩의 발상이 가능할까? 나는 회의적이다.

고매한 취향을 가져야 한다는 말이 아니다. 나도 예전에는 좋은 마케터가 되려면 그래야 하는 줄 알았다. 좋은 커피를 구분할 줄 알고, 사람들이 잘 모르는 감각적인 음악을 듣고, 홍상수 영화를 좋아하고, 마크 로스코의 그림 앞에서 눈물 흘릴 줄 알아야 할 것 같다. 그런데 취향의 세계에서 중요한 건 WHAT이 아니라 HOW란 생각을 한다. 무엇을 좋아하는지가 아닌 얼마나 깊이 파보고 어디까지 덕질 해봤는지가 핵심이다.

취미가 건축한 세계는 우리가 알지 못하던 이면을 보여준다.

예를 들어 많은 이들에게 달리기는 익숙한 취미지만 러닝 크루의 세계는 다분히 생경할 것이다. 러닝 크루는 특정 요일, 약속한 장소에 한데 모여 다같이 뛰는 것을 기본으로 한다. 그러나 그게 전부가 아니다. 대회 하나를 목표로 잡고, 완주를 위해 함께 훈련하고 준비한다. 이 일련의 과정을 살피면 누군가에게는 낯선 광경들이 산재해 있다.

대회 당일의 현장을 들여다본다. 크루 멤버들은 각자의 레이스를 펼치지만 일체감을 위해 배번표에 크루 스티커를 만들어 붙인다. 본업이 디자이너인 멤버가 있다면 크루 로고를 활용해 대회용 옷을 직접 제작하기도 한다. 더불어 러닝 크루에게 마라톤 대회는 달리는 사람만의 이벤트가 아니다. 참가하지 않은 이들은 응원단으로 제 몫을 한다. 풀코스 마라톤에서 가장 힘겨운 구간인 38킬로미터 지점에 대규모 응원존을 설치하고 크루 깃발을 흔들며 멤버를 맞는다. 기다리고 기다리던 우리 멤버가 모습을 드러낸 순간, 응원단과 감격의 하이파이브를 나눈다. 환희의 순간은 크루 안의 재주꾼들 손에 의해 사진과 영상으로 기록되고, 멋들어진 SNS 콘텐츠로 재생산된다.

이 장대한 여정 속에는 경제적인 목적도, 계약상의 의무도 존재하지 않는다. 그저 좋아하는 마음 하나하나가 모여 만든 거룩한 하루가 있을 뿐이다. 이런 취미의 세계는 당장의 먹고사는 데 어떤 도움도 주지 않는 무용함을 띠지만 오히려 그래서 더 가치를 갖는다. 좋아하는 마음을 동력 삼아 움직일 땐 적당한 선이 없다. 내가 만족할 때까지 정성을 더하고 디테일을 깎게 된다. 직업인으로서 닿을 수 없는 깊이가 취미의 세계에서 발현되는 이유다.

무언가를 깊이 좋아해본 적 없는 사람이 우리 브랜드를 사랑해달라 말하는 건 지나친 요구일 수 있다. 그런 면에서 취미에 시간을 쏟는 건 고객의 마음을 대리 체험하는 가장 빠른 방법이다. 만약 내가 스포츠 브랜드 마케터로서 러닝 크루의 문화를 피부로 느꼈다면 분명 전에는 보지 못하던 것들이 보일 게 분명하다. 러너들 사이에 은밀히 존재하는 세계를 알고 있다는 건 분명 그 안에 자리하고 있을 세세한 니즈 또한 가늠할 수 있음을 뜻한다. 새로운 기회의 발견이다.

취미는 마케터에게 현실적인 도움을 주기도 한다. 실제로 나의 경우 정말 많은 일의 실마리를 취미 생활에서 얻곤 했다. 심지어 커리어의 출발선부터 그랬다. 사회생활을 시작하기 전, 내 일상의 대부분을 차지한 건 음악이었다. 백수 시절 유일한 루틴이 해가 중천일 때 일어나 커피 한잔을 마시는 것, 그리고 정오가 되면 그날 음원 사이트에 일괄로 올라오는 음악을 하나하나 들어보는 것이었다. 그중 유독 귀에 박히는 곡이나 평소 좋아하던 뮤지션의 신곡을 블로그에 리뷰했다. 그걸 딱 1년 반 동안 빠짐없이 했다. 그만큼 음악에 진심이었고 자연스레 공연과 페스티벌로까지 관심을 넓혀갔다.

문제는 음악이야 한 달에 만 원 남짓으로 해결할 수 있지만 공연, 특히 페스티벌의 경우 학생 신분으로 그 비용을 감당할 수 없다는 점이었다. 하지만 시간과 체력이 남아도는 청년에게 방법은 늘 있기 마련이다. 나의 경우 현장 스태프 지원과 봉사 활동으로 문제를 해결했다. 페스티벌은 대개 2~3일 동안 진행되기에, 행사 전날과 공연 며칠 정도를 근무하면 하루는 일 없이 공연만 볼 수 있게 해줬다. 그런 방식으로 1년에 스무 개 이상의 공연과 페스티벌을 다녔다. 단순히 즐기기만 하지 않고 스태프 관점에서의 페스티벌 이모저모를 리뷰하는 것도 병행했다. 당연히 음악 산업에 몸담을 거라 생각했기에 가능한 성실함이었다. 그러나 그로부터 몇 달 뒤, 나는 뜬금없이 어느 배달 앱의 인턴을 하게 되고, 또 뜬금없이 거기서 마케터 생활을 시작한다.

그런데 운명의 장난일까? 신입 마케터 상민의 첫 업무는 놀랍게도 음악 페스티벌 부스 기획이었다. 당시 배달의민족은 가을의 대표 음악 페스티벌인 그랜드 민트 페스티벌(이하 GMF)의 협찬사로 들어가는 것이 확정된 상황이었다. 가장 잘할 수 있는 사람에게 일을 맡기는 건 당시 배민의 자연스러운 분위기였다. 그렇게 출근 이틀 만에 품의서 하나 쓸 줄 모르는 신입 마케터는 수억이 들어가는 프로젝트의 대장이 된다.

아무것도 모르는 신입사원이지만 페스티벌이라면 얘기가 달랐다. 이미 내 블로그에는 페스티벌별 특징과 주요 관객 성향, 사람들의 동선, 흥행한 이벤트 부스와 그렇지 않은 곳의 비교 분석까지 정리되어 있었다. 뿐만 아니라 숱한 페스티벌을 다녔기에 현장에서 관객이 무엇을 좋아하고 어떤 걸 필요로 하는지 누구보다 잘 알고 있었다. 이는 부스와 이벤트 기획에 온전히 반영됐다.

복잡한 현장 상황을 고려해 이벤트는 직관적이었으면 했다. 참여의 허들을 낮췄고 사람들에게 나눠줄 굿즈는 GMF 관객의 성향을 고려했다. GMF에 오는 이들은 락이나 EDM 페스티벌만큼 호전적이지 않다. 요란하고 시끄럽기보다 잔잔함을 선호하는, 하지만 페스티벌에 온 만큼 일상 대비 약간의 관종끼를 부리고픈 마음이 있다. 우리가 고안한 건 아티스트 이름을 배달의민족 한나체 폰트로 새긴 뱃지였다. 각자의 페스티벌 룩에 내가 응원하는 아티스트의 뱃지를 달고 다니는, 딱 그 정도가 GMF 관객에게는 적정선의 개성 표현일 거라 예상했다.

다행히 예상은 맞아떨어졌다. 산더미처럼 쌓아둔 아티스트 뱃지는 다시 채우기가 무섭게 사라졌다. 동시에 수많은 이들이 뱃지를 달고 돌아다니며 우리 부스의 홍보 간판이 되어주었다. 같은 뮤지션의 팬임을 인지하고, 그거 어디서 받을 수 있냐는 질문을 마음 편히 던지고, 팬심이라는 동질감으로 서슴없이 우리 부스를 추천하는 선순환이 현장 곳곳에서 벌어졌다. 페스티벌을 쏘다니며 체득한 직감이 들어맞은 것이다.

GMF 프로젝트는 성공적으로 막을 내렸다. 성취의 이유는 단순했다. 지금껏 했던 모든 일이 그렇듯 혼자 잘해서가 아니라 팀원들이 내 말에 귀 기울여주고 설득당해 주신 덕분이다. 다만 그 설득의 가장 단단한 근거는 내 밀도 높은 취미 생활이었다. 소심하다가도 페스티벌 얘기만 하면 안광이 달라졌고 SNS만 보더라도 이 양반이 얼마나 공연을 쏘다니는지 생생히 알 수 있었기에 동료들은 기꺼이 내 의견에 마음을 열어준 것이다. 그 믿음에 부응하려 최선을 다했다. 신입사원의 실무 바보적인 면은 선배들의 노련한 서포트로 채워졌다. 잘 돌아가는 집구석의 면면이다.

취미가 안겨다주는 업무적 효능감은 이후에도 이어졌다. 배달의민족 을지로체 발표 당시, 마케팅의 활로로 전시를 떠올린 건 수년간 쌓아온 전시 보는 취미 덕분이다. 〈주간 배짱이〉 구독자 증대 방안으로 글 컨텐츠에 친숙한 이들이 모이는 서울국제도서전 참여를 결정한 것 역시 어린 시절부터 이어져 온 책덕후의 기질 때문이었다. 나의 경우처럼 취미에 쏟는 뜨거운 마음을 동력 삼아 회사 밖에서 결과물을 만들어내고, 그 결과물을 다시 회사로 들고 와 실무의 훌륭한 교보재로 활용할 수 있다. 그렇게 이룬 성취의 결과로 우리는 월급을 받고, 그 돈은 다시 취미 생활의 땔감으로 사용된다. 마케터의 이상적인 취미 생활에는 이런 순환의 궤적이 형성된다.

사실 직업을 떠나 우리 삶에서도 취미는 꽤나 중요하다. 취미의 관점에서 여러분의 10년 전과 오늘을 비교해보자. 대부분 많은 변화가 있었을 것이고 특히 그 갯수와 농도가 현격히 낮아졌음을 느낄 것이다. 시간이 갈수록, 나이 들수록, 책임지고 신경 써야 할 일이 많아질수록 취미를 보존하기 쉽지 않다. 한때는 열과 성을 다 하던 취미가 언제부턴가 배부른 소리처럼 느껴진다. 먹고살기도 바쁘니까. 나도 그리 다르지 않다.

그런데 며칠 전 극장에서 코스프레 무리와 마주쳤다. 맞춰 입은 옷과 응원봉을 보니 상영관 하나를 빌려 단관 하러 온 모양이다. 아무래도 눈에 잘 띄어 신경 쓰일 법한데 그 공간에서 가장 태연한 건 그들이었다. 문득 부럽다는 생각이 스쳤다. 좋아하는 마음을 오롯이 표현하고 드러내는 게 당연하지 않단 걸 이제는 알아서다. 그건 열정이고 신념이며 떳떳함이다. 우리가 살아가며 결코 놓치지 않으려는, 하지만 현생에 치여 쉬이 잃어버리는 마음이다.

비슷한 사례로 얼마 전 일본 애니메이션 노래에 맞춰 군무를 추는 무리의 영상이 화제가 됐다. 나도 처음에는 당연히 일본에서 촬영된, 흔히 우리가 오타쿠라 부르는 이들의 영상인 줄 알았다. 그러나 그들 뒤편에 자리한 부스 현수막에 떡하니 '물품보관소'라 적혀 있는 게 아닌가. 그렇다, 한국이었다. 예상대로 댓글창은 나와 같은 당황스러움과 오타쿠를 향한 조롱으로 점철돼 있었다. 그러나 내 생각은 달랐다. 무엇 하나에 저 정도로 미쳐 있고 열정을 뿜어낼 수 있다는 게 부러웠다.

좋아하는 데에도 에너지가 든다. 사랑과 관심은 저절로 작동하지 않는다. 마음의 품을 들이고 시간을 쏟아야 겨우 발화한다. 그 불씨를 오래 유지하는 것 또한 그만큼의 힘을 요한다. 그러나 나이

들수록 무언가에 열을 올리기보단 대개 무덤덤해지게 된다. 더는 새로울 게 없을 거라 체념해서고 무언가를 좋아할 동력을 잃어버려서다. 쓰임을 잃은 감정은 필연 무뎌진다. 삶은 색을 상실한다. 무색무취의 자신을 위로하려 다채로운 삶의 누군가를 애써 깎아내리는 못난 어른이 되기도 한다.

상상만으로 끔찍한 미래다. 지난주에 목격한 코스프레 무리가, 임영웅 응원봉을 흔드는 어머님 부대가, 추석 특집 god 콘서트에 눈물짓는 사람들이 내게 귀감으로 자리하는 이유다. 영원히 마음껏 웃고, 울고, 분노하고 실망했다 다시 기운 내는 사람이고 싶다. 물론 쉽진 않을 것이다. 하지만 취미를 끌어안고 있는 한 어느 정도의 희망은 가져볼 수 있지 않을까? 무용함의 유용함을 떠올리는 밤이다.

메종 마르지엘라의 향수를 좋아한다. 향도 향인데, 기억의 단편을 향으로 구현하는 브랜드 컨셉이 너무 마음에 든다. '게으른 일요일 아침', '비가 그칠 때', '별 아래서', '꽃시장', '도서관에서의 속삭임'……

사람을, 장소를, 그리고 과거의 어느 추억을 향으로 기억하는 이들에게는 이보다 더한 취저가 없겠다. 내 가을, 겨울 메인 향인 '재즈클럽'도 브루클린 재즈 바의 기억을 구현한 제품이다. 습한 지하에 자리한 재즈클럽 문을 젖혔을때의 향 같다. 디테일하게는 끈적하고 오래된 나무 테이블과 위스키, 럼, 시가 향이 적절히 섞여 있다.

과장 조금 보태면 이 향수 뿌리고 싶어 집 앞 카페라도 나가는 요즘이다.

#메종마르지엘라

취미가 밥 먹여준다

중간중간의 멘트만 들어도 얼마나 예민하고 섬세한 사람인지 느껴지는데, 그런 사람이 이 공연을 위해 그간 얼마나 마음 쓰고 수많은 밤을 뜬눈으로 지새웠을지가 그려져서 마음 아프면서 또 고마웠던 시간.

#이소라
#콘서트
#머리는밀어도9집은미루지말자

은하게 헤드라이너 영접.
혼자여도 인증사진 찍으러 과감히 줄 섰으나,
수줍어 결국 부탁 못하고 벽만 찍고 왔다.

#빌리아일리시
#슈퍼콘서트

맹렬한 몰입이 중요한 이유

뭔가를 한 번 깊게 해봐야 완성에 대한 기준이 생기거든요.
저는 그 완성에 대한 기준이 제대로 잡혀 있는 사람일수록
프로라는 생각이 들고 잘한다는 생각이 들어요.

이연, 유튜브 〈우선, 무엇이든 한 가지는 잘해야 합니다〉 중에서

내 오랜 취미는 달리기다. 하루를 마무리하는 루틴으로 늦은 저녁 집 근처를 뛴다. 달리면서 그날의 일을 복기하고 머리를 어지럽힌 고민을 털어낸다. 울적함을 달래려 있는 힘껏 뛸 때 스스로 〈중경삼림〉의 금성무를 대입해보기도 한다. 그러나 금성무와 김상민 사이 공통점이라곤 ㄱㅅㅁ이라는 초성 외에 어떤 것도 없단 사실에 이내 머쓱해진다.

_____ 1994년 왕가위 감독이 연출한 홍콩 영화로 수많은 영화 팬들이 인생 영화로 꼽는 명작. 영화에서 금성무는 연인과의 이별을 받아들이기 위해 비 오는 운동장을 안간힘 쓰며 달린다.

_____ 90년대와 2000년대를 아우르는 중화권의 대표 미남 배우. 왕가위 감독과 함께한 〈중경삼림〉, 〈타락천사〉에서 저세상 미모를 뽐냈다.

1년에 한두 번씩 42.195킬로미터 풀코스 마라톤에도 도전한다. 특이점이라면 그걸 굳이 해외에 가서 뛴다는 것이다. 첫 하프 마라톤 완주 후 기고만장해져 내린 겁 없는 결정이 이제는 연례행사처럼 굳어졌다. 파리를 시작으로 포틀랜드, 시카고, 베를린, 암스테르담 등에서 풀코스 마라톤을 완주했다. 지금은 2024년 봄에 열릴 파리 마라톤에 또 한 번 참가하기 위해 준비 중이다.

SNS에 마라톤 소식을 공유할 때마다, 그야말로 서울에서 수원까지의 거리를 어떻게 맨몸으로 뛸 수 있는지 많은 분들이 궁금해한다. 이상하게 들리겠지만 나도 신기하다. 운동에 아무 재능도 없으면서 어찌어찌 해내고 있는 게 말이다. 완주를 위해 길게는 반년, 짧게 잡아도 3~4개월은 공을 들인다. 대회가 보통 봄가을에 열리다 보니 준비는 여름 열대야 또는 겨울 한파 속에서 눈물, 콧물과 함께 이뤄진다. 그런데 힘들어서 그렇지 훈련 방법 자체는 간단하다. 달릴 수 있는 거리를 서서히 늘려가는 것이 전부다. Long Slow Distance, 줄여서 LSD라 부르는데 대회 페이스보다는 느리게, 대신 평소보다 긴 거리를 뛰는 훈련이다. 이번주에 15킬로미터를 달렸다면 다음 주는 20킬로미터, 그다음 주는 25킬로미터, 이렇게 38킬로미터까지 달리면 준비 끝이다.

여전히 지금 이 글을 읽고 있는 100명 중 99명은 자신과 상관없는 일로 치부할 확률이 높다. 나 역시 99명 중 한 명이었다. 직접 경험하기 전까진 마라톤이야말로 타고난 신체 능력 혹은 특별한 마인드의 비범한 사람만이 할 수 있는 일이라 믿었다. 그러나 마라토너가 된 지금, 나는 스스로 얼마나 그와 상관없는 사람인지 잘 안다. 내 인내심이나 의지 같은 것에 어떤 신뢰도 갖지 않는다. 달리러 나가기 싫어 온갖 핑계를 창작할 땐 세상에 이런 대문호가 따로 없다. 대신 몸을 믿는다. 정확히는 신체의 메커니즘을 믿는다.

몸은 모든 걸 기억한다. 지난주 10킬로미터를 달렸다면 몸은 그걸 잊지 않고 데이터로 남겨둔다. 즉 마라톤 준비란 우리 신체에 기억을 주입시키는 과정이라 보면 정확하다. 42.195킬로미터를 뛸 수 있는 몸이라는 걸 서서히 일깨우고 끝에 가서는 확신을 불어넣는 일이다. 마라톤 대회 현장이 이상하리만치 축제 분위기인 이유도 그래서다. 비록 출발선 앞에서는 조금 긴장하지만 우리 앞에 놓인 거리가 그리 두렵진 않다. 러너들은 이미 알고 있다. 그동안 LSD 훈련만 충실히 했다면 오늘 무탈히 완주할 수 있다는 걸. 한번 찍어본 거리는 반드시 다시 닿을 수 있다는 믿음, 어떻게든 기억해낼 내 몸에 대한 신뢰 덕분이다.

이것이 비단 달리기만의 이야기는 아니다. 살아가면서도 한번 나아가본 거리는 자국처럼 남는다. 주변을 둘러보면 하나에 꽂혔을 때 무서울 정도로 빠져드는 이들이 있다. 타고난 것일 수도 있으나 대부분은 과거 경험한 만큼의 깊이에서 기인한다. 무언가에 시간과 마음을 온전히 내어준 경험의 유무는 갈수록 분명한 차이를 만든다. 멀리 가봤기에 생각의 범위가 한결 넓고, 생각을 행동으로 옮길 때의 과감성이 다르다. 일이나 소소한 취미 생활, 하다못해 연애에서도 마찬가지다. 무얼 하든 그들의 심도는 더 깊다. 닿을 수 있는 결과의 고점도 당연히 함께 높아진다.

다만 깊이를 늘리는 데는 유효기한이 존재한다. 어르신들이 으레 신입생이나 초년생들에게 많이 경험해보고 견문을 넓히라 하는 것은 이 같은 맥락이다. 사람의 세계관은 무한히 팽창하지 않는다. 특정 시점에 이르면 확장을 멈추고 점차 수축하는 것이 자연의 법칙이다. 아이가 말을 배우고 언어를 구사하면 점차 자기주장이 생기고 부모 말을 거스르기도 하는 것처럼, 무엇이든 흡수하고 받아들이는 시기를 지나면 그때부터는 본연의 색을 또렷이 하는 데 몰두한다. 그래서 늘릴 수 있는 시기에 최대한 늘려놓는 것이 바람직하다.

몰입 역시도 그렇다. 실패의 굳은살이 아직 자리하지 않은 티 없는 마음에서 가급적 깊은 곳까지 몰입해보는 게 좋다. 그럴 수 있는 시기가 영원하진 않지만 대신 모두에게 공평히는 주어진다.

원하는 만큼 얼마든지 파고들 수 있는 시기에 어디까지 족적을 남겼는지에 따라, 사람이 닿을 수 있는 몰입의 깊이와 닿고자 하는 고점의 기준이 정해진다.

사람마다 직업인의 시각으로 유독 예민하게 바라보는 영역, 즉 고점의 기준이 높게 형성되는 분야가 있는데 나의 경우는 카피라이팅(Copywriting)이 그러하다. 사용자에게 노출되는 모든 형태의 문구에 유독 깐깐하고, 잘 썼다고 평가하는 카피의 기준 또한 높이 두는 편이다. 말과 글에 예민한 천성 때문이기도 하지만 신입 시절 경험한 몰입 덕분이다.

10년 전 배달의민족 신입 마케터의 주요 업무 중 하나는 배너 기획이었다. 배민 앱 상단에 노출되는 "B○○ 치킨 2000원 할인" 같은 문구와 이미지를 기획하는 일이다. 지금이야 프로모션 전담 팀에서 전문가의 손길을 멋지게 발휘하지만, 당시 그 일은 신입 마케터의 50가지 그림자 업무 중 하나였다. 지금과 다른 점이라면, 스타트업의 색이 강했던 만큼 배너 영역을 브랜드 특유의 재기발랄함을 보여주는 지면으로 활용했다는 것이다.

예를 들어 새로 출시한 체크카드의 배너엔 "○○카드 출시!" 정도의 무난한 메인 카피와 대표적인 혜택 한 줄 정도가 보조로 들어가는 게 일반적이다. 다만 그 시절 배민은 똑같은 말도 다르게 해보려 했고, 특히 위트를 섞는 데 너그러웠다. 당시 제출한 기획안 속 카피들이 이를 증명한다. "배고플 때 꺼내는 비장의 카드", "꺼진 배도 다시 보자", "자네, 나 좀 긁어주겠나" 그리고 수치심에 차마 여기에 옮기지 못한 카피들까지. 1절, 2절 3절을 넘어 갈라쇼까지 했음에도 별 탈 없이 다녔다는 게 새삼 다행이다. 결과적으로 그런 신입 시절의 업무 환경 덕에 전형성에 기대는 게으른 카피라이팅이 몸에 배지 않게 됐다. 어떻게든 다르게 써보자는 몸부림이 기본으로 탑재됐달까.

매주 배너 구좌 하나와 이벤트 하나씩을 배정받은 신입 마케터는 어떤 배민스러운 카피로 클릭을 유도할지 일주일 내내 고민해야 했다. 자연스레 컨펌의 과정도 지독히 깐깐했다. 기계적으로 쓴 카피, 이를테면 "지금 인증하고 치킨 받자" 같은 안을 가져가면 크게 혼이 났다. 그렇게 수십 수백 개의 카피를 쓰고 지우며 배너 기획 업무는 수년 동안 이어졌다.

웃프게도 대부분의 최종안은 평범했다. 맨 처음 고민 없이 휘갈긴 초안과 수없이 고쳐 쓴 최종안 사이의 차이가 고작 단어 몇 개일 땐 일주일의 안간힘이 무색해졌다. 이따금 기적의 창의력을 발휘해 박수받는 한 줄을 뽑을 때도 있었지만 가뭄에 콩 나듯 벌어지는 우연에 가까웠다. 배너는 일주일 정도 제 역할을 다한 뒤 다른 소재로 교체됐다. 들인 노력에 비해 특별할 것 없던 나의 A안도 매번 기억에서 함께 사라졌다. 그러나 글자 몇 개 바꾸기까지의 몰입했던 시간은 나도 모르는 사이 내 안에 스며들어 지금까지 이어지는 중이다.

당시 카피 한 줄을 위해 벌인 사투가 지금의 깐깐함을 만들었다. 미세한 몇 글자의 변화만으로 가독성이 얼마나 개선되고, 같은 표현도 어떤 단어로 어떻게 조합하는지에 따라 얼마나 느낌이 달라지는지, 카피의 디테일을 쌓아 올렸을 때 어떤 유기적인 사용자 경험이 설계되는지 체험한 덕이다. 다행이라 여긴다. 그 시절 시추한 깊이를 기준 삼아 오늘도 카피를 쓴다.

그 고된 경험이 막 회사 생활을 시작한 신입일 때 찾아왔다는 것도 참 행운이다. 효율보다 성장에 초점을 맞출 수 있는 시기에 마주한 적확한 경험이었다. 지금 하라고 하면 그때처럼 몰입할 수 있었을까. 주저 없이 고개를 젓는다. 그때라서 가능했다. 그때만 할 수 있는 몰입이었다.

이따금 좋은 마케터의 요건에 대해 생각해본다. 여러 가지를 썼다 지우는 와중에도 한 자리만큼은 예약되어 있다. '맹렬한 몰입의 경험'은 좋은 마케터의 필요조건이다. 몰입이 몸에 밴, 집요함이 마음 어딘가 새겨진 이는 대부분 훌륭한 창의 노동자로 거듭난다. 흔히 창의성 하면 나인 투 식스의 나와는 조금 다른, 예술가의 면면을 떠올린다. 진짜 그런 사람도 있겠지만 적어도 지금까지 내가 경험하고 바라본 창의성은 그와는 반대편의 이야기다.

수준 높은 결과를 만들어낸 건 그 높이까지 고민한 이들의 몫이었다. 거기까지 가봤기에 그에 못 미치는 수준일 때 형용하기 어려운 갈증을 느낀다. 어떻게든 더 나은 방법을 모색한다. 끈기 있고 집요하고 인내심 있게, 몰입한 경험으로 정의된 완성의 기준에 의해서다. 대부분의 성취가 천재가 쓴 일필휘지의 솔루션이 아닌 이유다. 최종의 최종의 최종까지 간 너덜너덜해진 기획안, 대부분의 성과는 거기서 탄생한다.

<조제, 호랑이 그리고 물고기들>의 개봉 첫날, 배우 츠마부키 사토시는 무대인사 중 왈칵 눈물을 쏟는다. 진심을 다한 결과물을 떠나보낼 때, 쉽사리 표현하기 힘든 양가적인 감정과 마주한다. 일하는 우리도 그의 눈물을 헤아릴 수 있다.

모든 일은 크고 작은 단위의 끝이 있다. 그리고 끝남과 동시에 평가가 이뤄진다. 오직 결과로 평가받는 데에는 어떤 불만도 없으나, 그와 별개로 과정에도 무게를 둔다. 이 일에 얼마나 진심이었고 결과에 떳떳한지 스스로 검열한다.

애석하게도 매번 떳떳진 않다. 번아웃이 올 때도, 아무리 노력해봐도 일의 의미를 찾지 못할 때도, 고민보다 관성에 기대어 일을 처내는 부끄러운 순간도 있다. 다만 그것이 문제라는 인식은 버리지 않는다. 부끄러움의 감각이 무뎌지지 않도록 잘 가꾼다면 일잘러는 아니어도 뻔뻔한 빌런은 피할 수 있겠단 믿음이 있다. <조제, 호랑이 그리고 물고기들>을 다시 본다. 츠마부키 사토시의 진심을 보며 믿음을 더한다.

#조제호랑이그리고물고기들
#마케터

N잡러와의 Q&A

당신의 모든 일상이 포트폴리오가 되는 시대가 왔습니다.

송길영, 《시대예보: 핵개인의 시대》 중에서

소위 'N잡러'의 삶을 산다. 많은 분들이 그리 불러주시지만 매번 손사래 치기 바쁘다. 앞으로 구르고 뒤로 굴러도 본업이자 유일한 직업은 마케터고, 그조차도 제 몫을 하고 있는지 확신할 수 없는 내게 과분한 호칭 같아서다. 하지만 그렇게 보일 법도 하다. 마케팅하는 직장인이면서 퇴근 후에는 글 쓰는 자아로 살아간다. 지금처럼 책 작업을 하거나 연재의 기회를 얻는다. 독서 모임 트레바리에서는 클럽장으로 활동하고, 커뮤니티 밑미에서는 사람들의 습관 배양을 돕는 리추얼 메이커의 삶을 3년째 지속 중이다. 또 매년 1,000킬로미터씩 뛰는 마라토너이자, 달리기를 주제 삼아 에세이까지 쓴 이력으로 관련 행사나 콘텐츠에 초대받기도 한다.

죄송하다. 쓰고 보니 N잡러 맞는 것 같다. 사람들이 어떤 인식을 가지는 데는 그만한 이유가 있다는 걸, 다름 아닌 마케터를 직업으로 삼고 있기에 더 인정해야 한다. 다만 그럼에도 받아들일 수 없는 몇몇 오해는 여전하다. 그중에서도 자주 받는 오해를 해명하며 결혼식 뷔페처럼 변모한 오늘의 삶을 정의해본다.

"그걸 어떻게 다 하세요?"

가장 많이 받는 질문이다. 24시간으로는 소화가 어려워 보인다는 이야기겠다. 그런데 이런 질문을 받을 때마다 정작 내가 더 당황한다. 왜냐면…… 정말 그냥 하고 있어서다. 여기에는 어떤 꾸밈이나 숨김도 없다. 별생각 없이 그냥 한다. 시간 관리도 딱히 하지 않는다. 아침에 일어나 투두 리스트를 적고 마감이 임박한 일은 우선순위를 조정하는, 남들 다 하는 정도의 관리만 할 뿐이다.

천재 코스프레를 하려는 게 아니다. 천재는커녕 백재, 십재도 안 되지만, 무언가를 꾸준히 하다 보니 갈수록 품이 적게 들어갔던 건 맞다. 예전에는 일주일 내내 지지고 볶아야 겨우 글 한 편을 완성했는데 이제는 앉으면 뭐라도 쓸 순 있다. 완성도와 소재에 대한 기준이 높아졌을 뿐, 쓰는 시간 자체는 확연히 줄었다. 달리는 일도 그렇다. 처음엔 5킬로미터 달리는 데 걷고 뛰길 반복하며 넉넉히 1시간은 필요로 했지만 요즘은 마음만 먹으면 20분 안에 뛴다. 반복은 효율을 만든다. 그 효율 덕에 예전보다 더 많은 일을 해낼 수 있다.

"대체 언제 쉬나요?"

부록처럼 딸려 오는 질문이다. 그런데 이 또한 당혹스럽다. 잘 쉬고 있어서다. 오히려 너무 많이 쉬는 바람에 할 일을 다 못 하는 하루가 압도적으로 많다. 오늘도 〈고려거란전쟁〉 다음 화 재생을 참을 수 없어 보려던 책을 내려놓고 소파에 냅다 누워버렸다. 물론 쉼의 개념이 조금 다를 순 있다. 나의 각 활동은 서로가 서로에 쉼으로서 존재한다. 퇴근 후 글 쓰는 시간은 회사에서 충족하기 힘든 개인 창작의 쉼이고, 글을 쓰다 밖에 나가 달리는 건 배배 꼬인 생각의 실타래를 푸는 육체 활동의 쉼이다. 커뮤니티 활동은 공통의 관심사 아래 나누는 대화의 쉼이며, 특히 새로운 사람 만날 기회가 흔치 않은 내향인에게 세계관의 지름을 넓히는 소중한 경험이다.

그래서 퇴근 후 활동은 철저히 재미에 기반해 결정하고 이어 간다. 그걸 하는 게 쉰다는 느낌이 들 만큼 재미진 구석이 있어야 빼곡한 하루의 틈을 비집고 입성시킬 수 있다. N잡러 호칭이 민망한 이유다. 회사 생활을 포함해 지금 하고 있는 모든 잡들은 그저 재밌어서 하는 일이다. 그런 일이 하나하나 쌓이다 보니 여러 개의 삶을 사는 것처럼 비춰졌다. 다만 이런 나이브한 태도로는 여러분의 가려움을 해결해주지 못한단 걸 안다. 그리고 사람들이 진짜 궁금해하는 건 아직 언급되지 않았다. 앞선 질문들이 단순 호기심이라면, 그 고개를 지났을 때, 요즘 직장인들의 가장 뜨거운 관심사와 마주한다.

"퍼스널 브랜딩은 무엇부터 시작하면 될까요?"
"퍼스널 브랜딩을 하는 데 어려움은 없으신가요?"
"사이드 프로젝트로 돈은 얼마나 버시나요?"
"회사 언제까지 다니실 건가요? 전업 작가 안 하시나요?"
"너, 회사는 취미로 다니는 거 아니야?"
"상민 님은 왜 유튜브 안 하세요?"

퍼스널 브랜딩. 자기 자신이 브랜드가 되어야 한다는 수많은 직장인의 부르짖음이자 안 하면 나만 바보인 것 같은 요즘 시대의 강박이다. 사실 정확한 현실 인식이다. 부모님 세대와 달리 회사가 더는 우리를 책임져줄 수 없고, 회사명과 직함을 뗐을 때 과연 나는 어떤 경쟁력을 가졌는지의 물음과 다들 사투 중이다. 여기에 집단의 시대에서 개인의 시대로의 전환, 만사가 잘 풀려 꿈의 정년퇴직을 해내도 40년의 생을 더 살아야 하는 미래, SNS 인플루언서의 등장, 월급 모아서는 집 한 채 살 수 없다는 좌절감까지. 퍼스널 브랜딩에 쏟아지는 관심에는 오늘날의 온갖 욕망과 불안이 깃들어 있다.

그래서 갑론을박도 많다. 퇴사 후 월 1,000만 원 버는 누군가의 이야기가 화제가 되는 한편, 다른 한쪽에서는 그럴듯해 보이지만 결국 장사치의 허황된 이야기라는 퍼스널 브랜딩 무용론이 언급된다. 양쪽 주장에 모두 수긍이 간다. 퍼스널 브랜딩 자체를 부정하진 않으나 브랜드를 다루는 사람으로서 물음표가 생기는 지점 또한 무수하다. 여러 욕망이 뒤섞인 만큼 용어가 오용, 혼용되는 것도 사실이다. 양가적인 태도로 퍼스널 브랜딩의 왕도를 정의할 생각은 없다. 다만 좋은 레퍼런스들을 두루 살피며 선명히 보이는 공통점을 말해본다.

훌륭한 퍼스널 브랜딩에는 자연스러움이 묻어 있다. 퍼스널 브랜딩을 위해 뭘 하는 게 아니라, 뭘 하다 보니 어느새 퍼스널 브랜딩이 구축돼 있다. 그들은 예전부터 이어온 관심사와 취미, 평소 좋아하던 것들을 어떤 사사로움 없이 꾸준히 행한다. 그러다 마주하는 뜻밖의 주목에 내심 멋쩍어하기도 한다. 반대편에는 어딘가 부자연스러운 퍼스널 브랜딩이 있다. 대개 여기에는 다른 꿍꿍이, 이를테면 유명해지고픈 욕망이나 부수입 같은 목적이 개입된다.

나쁘다는 게 아니다. 다만 이는 퍼스널 브랜딩이 아닌 사이드 프로젝트 혹은 재테크라 불리는 게 더 적절하다. 기업의 돈 버는 구조를 우리가 비즈니스 모델이라 하지 브랜딩이라고 말하지 않는 것처럼 말이다.

　다시 질문으로 돌아온다. 여러 얼굴을 한 오늘의 내 일상을 퍼스널 브랜딩 관점으로 해석하고 질문하시는 데 이견을 갖지 않는다. 어찌 됐든 하기 싫은 일을 구태여 하지 않고, 하고 싶은 일이라면 비용의 셈 또한 하지 않았기에, 자연스레 구축된 퍼스널 브랜딩에서 그리 멀리 떨어져 있진 않다. 그러나 회사를 재미 삼아 다니는 거 아니냐는 의혹이나 그래서 언제 관둘 건지 궁금해하는 대목에서 질문자와 나 사이의 견해 차이를 감지한다.

　그런 오해는 바로잡고 싶다. 퍼스널 브랜딩으로 비춰지는 퇴근 후 활동은, 오히려 본업을 더 잘하기 위해 시작한 것들이 대부분이다. 빨리 그만두고 싶어서가 아니라 본업인 마케터로서의 삶을 더 오래 지속하고 싶어 글을 쓰고, 달리기를 하고, 사람을 만나고, 다양한 활동에 참여한다. 실제로 퇴근 후 배우고 깨닫고 경험한 것 중 상당수는 고스란히 본업의 세계로 다시 흘러들어 왔다. "좋은 마케터가 글을 못 쓴다는 건 말이 안 된다"란 직장 선배의 지나가는 말에 퇴근 후 이런저런 글쓰기 모임을 나가기 시작했다. 거기서 재미를 느껴 꾸준히 쓰다 보니 개인 뉴스레터를 시작하게 됐고, 그때의 경험이 〈주간 배짱이〉 기획의 단초로 이어졌다. 달리기처럼 본업과 직접적으로 상관없어 보이는 일조차 마케터에게 필요한 끈기와 자존감, 일 체력을 기르는 데 도움을 줬다. 이처럼 내게 퍼스널 브랜딩은 퇴근 후 별개의 삶을 사는 게 아니다. 오히려 선순환을 그리며 유기적으로 직조된 하나의 삶을 사는 것이다. 작가, 러너, 커뮤니티 리더, 인스타그래머, 독서가 등 파편화된 것처럼 보이는 여러 생활은 사실 마케터라는 본업을 중심으로 끈끈히 연결돼 있다.

퍼스널 브랜딩이 어려운 진짜 이유는 한낮의 일상과 퇴근 후의 삶, 둘 사이에 맞물리는 선순환 구조를 만들어야 하기 때문이다. 퍼스널 브랜딩이 본업과 철저히 격리된 채 운영된다면 그때부터 본업은 단순히 돈 벌기 위한 수단으로, 혹은 진짜 내 삶을 펼치는 데 방해만 되는 시간으로 전락한다. 잘못됐다 할 순 없으나 일주일의 절반 이상을 차지하는 시간이 그리 정의되는 건 다소 비효율적이다. 동시에 비극의 전조가 되기도 한다. N잡러는 오해받기 쉽다. 일하다 흔히 벌어지는 실수에도, 다른 데 정신 팔려 해야 할 일에 소홀하단 뒷담화의 주인공이 되고는 한다. 고로 아예 비밀로 부치고 할 게 아니라면 N잡러는 본업에 오히려 더 힘쓰고 매진해야 한다. 흔히 N잡러를 대단하다 하는 건 단순히 여러 가지 일을 해서가 아니다. 본업을 탄탄히 하고, 못해도 1인분은 해내면서도 퇴근 후의 삶 또한 멋지게 전개하기 때문이다.

그래서 처음부터 둘 사이를 잘 지탱해줄 수 있는 구조를 짜는 것이 현명하다. 퍼스널 브랜딩은 수익의 파이프라인이 아닌 삶의 파이프라인에 가깝다. 내 삶을 지탱할 여러 개의 기둥을 세우는 과정이다. 본업의 튼튼한 기둥뿐 아니라 나를 선명히 드러내는 또 다른 기둥을 세워 단단한 자아로서 바로 서는 일이다. 잘 구축된 퍼스

126

널 브랜딩은 본업과 상충하기보단 적절히 협조하고 보완한다. 한쪽이 무너지더라도 다시 일어설 힘을 제공한다. 대개 그런 퍼스널 브랜딩만이 지속 가능하다.

실컷 떠들어놓고 이런 말 하기 민망하나, 여전히 퍼스널 브랜딩에 대해 잘 모르겠다. 아마 알았다면 이 책의 기획과 제목은 《60일 안에 퍼스널 브랜딩 완성하기》가 되었을 테고, 수많은 이들의 관심사인 만큼 여기저기 불려다니며 인기 강사가 되었을지도. 사람(퍼스널)과 브랜딩이 과연 어울리는 한 쌍인지에 대해서도 의문이다. 잘 정리된 철학과 비전 아래 자기다운 이야기를 일관되게 쌓는 것이 브랜딩의 본질이라면, 그에 비해 인간은 너무도 쉽게 변하는 본성을 지녔다. 사람 쉽게 안 변한다고들 하나, 사람만큼 안팎의 환경 변화에 취약한 존재도 없다. 한 사람의 20대 대학생 시절과 30대 직장인으로서 먹고 자고 살아가며 생각하는 방식이 똑같을 리 없다. 결국 퍼스널 브랜딩은 어느 한 점에서 완성되기보다 끝없이 살아 움직이는 개념이다.

그러나 한 가지는 분명하다. 퍼스널 브랜딩 역시 브랜딩의 한 갈래라고 본다면 훌륭한 브랜딩의 기준을 똑같이 대어도 어지간해서는 통용된다는 것. 브랜딩이 그러하듯, 퍼스널 브랜딩 또한 명확한 자기 정의에서 출발한다. 더불어 하루 이틀 반짝한다고 구축되지 않는다. 매번 조금씩 바뀌더라도 결국 자기다운 하루하루의 총합만이 고유한 각자의 세계를 만든다. 그래서 애초에 퍼스널 브랜딩은 주장할 수 있는 것이 아니다. 삶으로서 보여지는 것이다. 동시에 우리의 삶이 계속되는 한 끝없이 이어지는 무한의 여정이다. 만약 한참 시간이 지나 퍼스널 브랜딩을 집대성한 책을 쓸 기회가 주어진다면 아마 그 제목은 앞선 가상의 제목에서 글자 하나만 바꾸면 되지 않을까.

《60일 안에 퍼스널 브랜딩 완성하기》

예전에 이런 글을 본 적이 있다. 좋아하는 게 딱히 없다는 사람을 종종 만나는데, 그건 자기 자신에게 소홀한 거라고. 나에게 관심이 있다면 누가 시키지 않아도 스스로 해온 일, 좋아하는 일을 모를 수가 없다고.

취향을 잘 가꾼 이들은 타고난 감도의 소유자일 수도 있으나 그보다 자기 자신을 세심히 살피는 존재에 더 가깝다. 이 또한 일종의 부지런함인 셈이다. 갈수록 희석되는 호기심과 설렘을 애써 보존하고 지키는 노력이다.

#취향

정재일 콘서트에 다녀왔다. 정재일을 향한 코멘트에는 늘 '천재'라는 찬사가 따라붙는다. 나 또한 그의 행보를 볼 때마다 조금은 남용되는 듯한 이 수식어의 진짜 주인이란 생각을 해본다.

공연은 그 생각이 확신으로 나아가는 계기였다. 가장 최근 발매한 앨범 〈listen〉부터 〈브로커〉, 〈오징어 게임〉, 〈기생충〉으로 이어지는 OST 메들리는 장르적으로 그가 얼마나 폭넓은 역량을 지녔는지 보여준다. 역대급 재능러가 혼신을 다해 살아간다는 것. 동시대 사람이 누리는 큰 축복이다.

그는 모 인터뷰에서 '아름다움은 무엇인가'란 질문에 이렇게 답한다. 비단 예술가뿐 아니라 한 명의 직업인이라면 품어볼 만한 문장이다. 정재일을 계속 지켜볼 수밖에 없는 이유기도 하다.

"어떤 것을 경험했을 때 자신이 살아 있다고 느끼고 예전과는 다른 마음을 갖게 해주는 감정이 아름다움인 것 같아요. 보통 유년기에서 20대 초중반까지는 그런 감정을 잘 느끼는데, 시간이 흐르면서 그 마음이 닫히는 사람을 많이 봤어요. 이 마음이 마비되면 공식에 따라 결과물을 내놓는 '업자'가 될 테니 이것이 예술가가 가장 경계해야 하는 지점인 것 같아요."

#정재일

조금 덜 아픈 실패를 위하여

모든 건물은 외력과 내력의 싸움이야. 바람, 하중, 진동…
있을 수 있는 모든 외력을 계산하고 따져서, 그보다
세게 내력을 설계하는 거야.
아파트는 평당 삼백 킬로 하중을 견디게 설계하고,
사람이 많이 모이는 학교나 강당은 하중을 훨씬 높게 설계하고.
한 층이라도 푸드코트는 사람들 앉는 데랑,
무거운 주방기구 놓는 데랑 하중을 다르게 설계해야 되고.
항상 외력보다 내력이 세게….
인생도… 어떻게 보면 외력과 내력의 싸움이고,
무슨 일이 있어도 내력이 세면 버티는 거야.

박해영, 〈나의 아저씨〉 대본집 중에서

디즈니 플러스 드라마 〈무빙〉을 정주행했다. 온갖 초능력자의 등장
만큼 흥미로운 건, 세계관의 최강자가 '구룡포'란 설정이다. 류승룡
배우가 연기한 구룡포의 능력은 경이로운 회복력이다. 살이 찢기고
뼈가 으스러져도 조금만 지나면 회복해 다시 주먹을 뻗는다. 그런
데 압도적 능력으로 상대를 찍어 누르는 대개의 최강자와 달리, 구
룡포는 참 많이 얻어맞고 수없이 패대기쳐진다. 특별히 힘이 세거
나 빠르지 않고 하늘을 나는 것도 아니다. 그러나 아무리 두들겨 맞

아도 그의 상처는 회복되고, 상대의 상처는 누적된다. 결국 끝까지 가면 구룡포가 이긴다.

드라마 내내 이어지는 구룡포의 수난을 보며 마케터의 하루를 떠올린다. 마케터는 성공보다 실패에 훨씬 익숙하다. 고심해서 만든 이벤트에 <u>어뷰저</u>만 잔뜩 몰려 마케팅 예산이 허무하게 증발하는 걸 지켜보고, 팔만대장경 파듯 한 자 한 자 영혼을 실어 보낸 섭외 메일이 읽씹 당하는 건 이제 상처도 아니다. 다들 좋아할 거라 확신한 캠페인이 우리만 좋아했던 것임을 확인할 때 민망함의 크기만큼 깊은 무력감에 시달린다. 마케터라면 한 번씩 겪어본, 지금도 겪고 있을 일터의 풍경이다.

_____ 부정행위자. 불법 프로그램, 계정 도용, 다중 계정 접속 등 부당한 행위로 이득을 취한다.

대중과 가까이하는 마케터일수록 실패는 친숙하다. 그들의 실패는 더 잦을 뿐더러 가시적이다. 몇날 며칠 밤 새워 완성한 유튜브 콘텐츠에 아무 상관없는 악플이 달리기 일쑤고, 악성 DM에 시달리는 건 외면하고 싶지만 엄연한 일상이다. 사실관계와 다른 이야기가 꼬리에 꼬리를 물고 퍼져나가는 데 비해 단어 하나하나 고민하며 쓴 해명문은 어느 누구도 관심 갖지 않는다.

브랜드의 선의는 쉽게 왜곡되고 오해는 또 다른 오해를 낳는다. 그렇게 마주한 좌절의 순간이 어디 한두 번일까. 〈무빙〉을 보며 하늘은 나는 조인성도, 엄청난 오감의 한효주도 아닌 맷집의 류승룡을 떠올린 건, 그만큼 이 직업이 밝은 면만큼 피로도 또한 높다는 이야기겠다.

그러나 구룡포는 직업적 쓰라림뿐 아니라 지속 가능성의 힌트를 주기도 했다. 구룡포가 〈무빙〉 세계관 최강자인 이유는 회복 능력 때문만이 아니다. 고통을 무릅쓰고 주먹을 뻗는 사람이라서다. 꼼짝없이 죽겠구나 싶은 와중에 어떻게든 살길을 찾고, 다칠 걸 뻔히 알면서도 일단 몸을 내던지고 보는 근성 덕분이다. 가진 능력이 능력이다 보니 애초에 고통에 대한 공포가 없어 그럴 수 있다. 하지만 이유가 뭐든 간에 결국 끝까지 살아남는다는 것에 마음이 간다.

마케터도 연차가 쌓이면 약간의 회복력이 생긴다. 악플 하나에도 분해서 잠 못 드는 밤이 있었던 반면, 지금은 덤덤히 문제 해결에만 집중하는 나를 발견한다. 그러나 그건 회복보다 굳은살에 가까운 무뎌짐이기에 근본적인 대책이라 할 순 없다. 구룡포가 회복력만으로 살아남지 못했듯 그럼에도 불구하고 주먹을 뻗는 힘이 필요하다. 좌절감을 딛고, 또 실패할 걸 알면서도 주먹을 뻗는 근성의 원천이 간절하다.

나는 그것을 직업적 자존감으로 정의해본다. 한 번의 실패가 지금까지의 커리어를 실패로 규정짓는 게 아니라는 믿음이다. 다만 이 믿음은 뚝딱 생기지 않기에 다양한 측면에서 근거를 제시하며 스스로를 설득해야 한다. 우선 10년 동안 이 일을 해오며 깨달은 바를 근거로 들이민다. 아주 비밀스럽게 여러분의 귓가에 대고 속삭여보겠다. 그 충격적 비밀은 바로…… 실패해도 누가 안 잡아간단 사실이다. 시도와 실패를 수없이 겪었지만 다행히 지금까지 안 잡혀가고 잘만 출근 중이다.

마케터로서 겪는 대다수의 실패는 사소하다. 감수할 수 있는 실패이며, 냉정히 말해 실패했기에 사람들은 별 관심이 없다. 뉴스레터를 발송했는데 오픈율이 저조하다? 더 잘 준비해서 다음 주에 다시 보내면 된다. SNS에 나름 흥미로운 이야기를 올렸는데 반응이 없다? 뭐가 문제였는지 고민하고 내일 또 다른 콘텐츠로 시도하면 된다. 실패의 결과를 성실히 기록하며 같은 실수를 반복하지 않는 것만으로도 충분하다. 물론 이따금 큰 실패와도 마주한다. 수천만 원을 들인 이벤트가 폭삭 망할 수도 있고, SNS 콘텐츠가 뜻밖의 사회적 물의를 일으켜 사과문을 올리는 상황도 맞는다.

그러나 회사라는 인류 최고의 발명품 중 하나는 그리 허술하지 않다. 일의 규모가 커질수록 책임 또한 커지고, 책임이 큰 일은 결코 한 사람이 좌지우지할 수 없게 설계돼 있다. 일의 범위를 실행이 아닌 결정과 검토까지 확대한다면 모든 일에는 여러 사람과 여러 단계의 의사 결정이 개입된다. 고로 망했다 한들 그걸 온전히 나만의 실패로 규정지을 필요는 없다. 반성은 하되, 내 몫의 반성만 하면 된다. 이는 남 탓도, 책임 회피도 아니다. 회사의 구조를 냉정하게 뜯어보면 그렇다는 이야기다. 회사는 절대 개인에게 감당할 수 없는 책임을 지우지 않는다. 무게를 나누거나 실패해도 다시 도전할 수 있는 무게로 재조정해 준다. 스스로 자주 거는 주문이자, 회사는 결코 이곳의 명운을 내게 맡기지 않는다는 슬픈 진실이다. 실패를 마주하는 데 필요 이상의 책임감을 떠올릴 땐 나 자신을 타이르며 묻는다.

"혹시 너 뭐 되니?"

회사에서 마주하는 실패의 속성을 또렷이 봤으니, 이제는 주먹을 뻗을 차례다. 구룡포의 멋진 펀치를 상상하며 눈을 뜬다. 그런데 현실 속 우리의 주먹질은 여전히 냥냥펀치에 가깝다. 머리로는 완벽히 이해했지만 주먹에는 맥아리가 없다. 실패를 겪을 때마다 과거의 실패 기억까지 뒤엉키며 팔 뻗기를 주저하게 된다. 마케터라 더 그런지도 모른다. 마케팅이라는 업 고유의 불안이 내 안에 자리한 의심을 게워내지 못한다. 참과 거짓이 명확하지 않고 그 명제가 계속 바뀌기까지 하는 마케팅 세계에서는 연차가 쌓일수록 안정은커녕 불안만 가중되는 기분이다. 1년 차 마케터 때 매일 떠올린 불안은, 수면 아래로 침전해 눈에 보이지 않을 뿐 10년 차 마케터인 오늘과 다르지 않다. 여전히 불안하고 여전히 모르겠고 여전히 두렵다.

　한쪽의 흔들림이 상수라면 다른 한쪽의 강도를 더 단단히 다지는 수밖에 없다. 이제 시선은 퇴근 후 삶으로 옮겨간다. 나처럼 직업적 자존감이 쉬이 흔들리는 사람은 그 바깥의 세기를 공고히 단련해 균형을 맞추는 게 중요하다. 조금 다른 의미에서의 워라밸인 셈이다. 물론 이는 마케터뿐 아니라 모든 직업에 통용된다. 일터 바깥의 내면이 단단히 받쳐줘야만 직업인으로 겪는 실패에 더 의연해진다. 실패가 가져다주는 좌절감에 휘둘리지 않고 결과에 일희일비하지 않을 수 있다. 실패와 성공의 이유를 차분히 들여다본 뒤 다음 단계에는 조금 더 나은 방식으로 덜 아픈 실패를 한다.

그럴싸하게 말하고 있지만 그걸 가장 못하는 사람이 나였다고 자신한다. 정신력이 그리 강인하지 못하다. 직업의 테두리를 벗어나면 특히 더 유약해져서 쉽게 우울감에 빠진다. 연이은 실패와 그로 인한 자격지심이 극단으로 치닫던 시절, 상담 선생님은 약이라는 고속도로 대신 전혀 다른 우회로를 제안했다. 삶의 총체적 정비였다. 밤마다 의존하던 모든 것을 끊어내고 난잡하게 어질러진 일상을 하나하나 정돈해보자는 제안이었다.

선생님이 강조한 건 두 가지였다. 일어나자마자 침구를 정리할 것, 그리고 거실에 나가 물 한 잔을 마실 것. 이것부터 시작해보자고. 다른 건 안 해도 그것만큼은 반.드.시 하는 걸 목표로 못 박았다. 보기와 달리 시키는 걸 참 잘 따르는 사람이라 착실히 실천했다. 어려운 일도 아니니깐. 침구 정리와 물 마시기가 익숙해지자 정리의 범위 또한 넓어졌다. 어질러진 방을 치우고, 분리수거를 꼬박꼬박 하고, 차츰 정리하고 버리는 걸 게을리하지 않게 됐다. 힘든 하루는 계속

조금 덜 아픈 실패를 위하여

됐고 지친 걸음의 귀갓길은 여전했다. 그러나 여느 때와 달리 나를 맞아준 건 말끔히 정돈된 집이었다. 반듯한 거실과 단정한 침실은 그래도 내 삶의 한구석은 무너지지 않고 정갈한 형태로 머물러 있음을 깨닫게 했다. 이후 우울감이 고개 들 때마다 혹은 내가 중심을 못 잡고 있다 느낄 때마다 기계처럼 청소기를 돌리고 쥐며느리처럼 앉아 걸레질을 한다. 그렇게 더러워진 공간을 바로잡을 때, 정돈되는 건 집구석만이 아니다. 흐트러진 마음도 바로 세워진다.

내게는 그것이 곧 자존감의 회복이었다. 신기하게도 삶이 엉망일 땐 집안 꼴도 그러하다. 치우길 미룬 쓰레기가, 소복이 쌓인 먼지가 내 공간의 한편을 차지한다. 반대로 일상이 공고하면 나 역시 그리된다. 하루하루를 섬세히 살피면 나도 내 자신을 조금은 애정 어린 시선으로 볼 줄 알게 된다. 마케터로서도, 자연인으로서도 그렇다. 지금도 우울감은 시시때때로 존재감을 보인다. 그러나 약을 떠올리는 수준은 아니다. 어릴 때부터 마음에 멍울을 지고 산 유구한 역사를 생각하면 놀라운 변화다. 지금 그 자리에는 다른 일상의 지지대들이 더해졌다. 다만 하나하나의 면면을 살피면 대단한 무언가가 아닌, 집을 청소하는 것처럼 작고 소소하기까지 한 부스러기로서의 일상이다. 직업의 테두리 바깥에서 나를 지지해주는 건 그런 작은 일상의 총합이었다.

오랜 시간 달리기를 취미로 삼고 있지만, 삶을 진짜 공고히 해주는 경험은 해외에서 마라톤을 완주하고 메달을 손에 쥘 때가 아니라 유독 힘들었던 하루 끝에 집 앞 공원을 달릴 때다. 느릿느릿 달리며 마음을 정돈하고 우울감을 잠재운다. 글을 쓰는 습관도 마찬가지다. 사랑받기 위한 글이 아닌 나를 유일한 독자로 쓴 솔직한 기록이 마음에 가 있던 크고 작은 실금을 메운다. 추상적인 형태로 머릿속을 떠다니던 우울 또한 내 언어로 정의되어 모니터 위에 구현된다. 그러면 생각보다 별거 아니거나 얼마든지 해결 가능한 일처럼 보인다.

　마케터뿐 아니라 모두가 불확실한 시대의 한복판에 놓였다. 물음표의 시대가 힘든 건 외력의 형태와 크기를 가늠조차 할 수 없어서다. 처음 보는 세상이 연달아 내던지는 질문에 다들 뭐라 적어야 할지 주저하는 모양새다. 정답이 무엇인진 모르겠지만 그 답을 찾을 때까지 버틸 힘은 필요하다. 각자의 삶에서 회사와 일을 뺀 여집합이 또 하나의 공고한 세계로서 잘 자리해 있기를 빈다. 이리저리 치이며 온갖 고생은 하겠지만 그래도 내력을 믿고 열심히 주먹을 뻗다 보면, 우리도 〈무빙〉의 구룡포처럼 해피엔딩을 맞지 않을까. 나는 그리 믿어볼란다. 그렇게 새 로봇 청소기를 결제한다.

절망이 가져다주는 나른함이 있다. 멍하니 누워 시간을 관조하고 내게 벌어진 일을 남의 일마냥 무심히 바라본다. 부쩍 잠이 는다. 밥 먹을 생각도, 누군가와 이야기할 마음도 사라진 채 고립되어 침전한다.

다행인 건진 모르겠지만 누구도 그런 날 일으켜주지 않음을 아는 나이가 됐다. 손 내미는 이가 있더라도 결국 몸을 꼿꼿이 세워 정돈하는 건 각자에게 주어진 몫이다. "다 울었니? 이제 할 일을 하자"라 말하는 오은영 박사님이 맑은 눈의 광인이 아닌 진짜 단단한 어른으로 보이는 이유다.

《어린이의 세계》김소영 작가님은 언제나 절망이 더 쉽다고, 희망은 요구사항이 많고 가만히 있으면 안 된다면서 우리를 혼낸다고 말한다. 참 귀찮고 고단하다. 하지만 그 말처럼, 희망이란 막연한 낙관보단 우리를 가차 없이 채찍질하는 무언가라 믿으며 묵묵히 인내하고 다음 발걸음을 이어가 본다. 다시 뗀 발걸음이 안온히 어딘가에 잘 도착하길 바랄 뿐이다.

#절망
#희망

쓰레기 버리러 나가며.

연달아 듣는 화나고 안타까운 소식에 이럴거면 지구가 멸망했으면 좋겠다 하면서도(타노스 당신이 옳았어······) 왜 재활용 분리수거는 세상에서 제일 열심히 하는 걸까.

#물로구석구석헹구고
#라벨과병뚜껑은제거하기

퇴근했는데요, 퇴근을 못 했어요

하루를 마감할 즈음이 되면 당신은
하루를 시작할 때는 알지 못했던 무언가를 알게 된다.
우리는 모두 일을 하며 배운다.

제리 살츠, 《예술가가 되는 법》 중에서

일과 삶의 분리에 대해 자주 생각한다. 그 구분이 몹시 어렵고 혼란
스럽다. 사회생활에서 마주하는 실패가 내 삶의 성적표가 아님을
애써 곱씹다가도, 일하는 자아를 진짜 내가 아니라고 부정하는 것
또한 모순이란 생각이 든다. 이러나저러나 하루 중 눈 떠 있는 시간
의 절반은 회사에 있기에 둘을 따로 생각하기란 여간 쉽지 않다. 게
다가 마케터는, 특히 브랜드 마케터는 둘 사이의 분리가 더욱 어렵
다. 영감의 출처와 일의 시작이 결국 세상사에서 비롯되므로 삶을

일로부터 격리하는 순간 마케터로서의 성장 또한 멈추고 만다.

자연스레 브랜드 마케터에겐 퇴근의 개념이 모호하다. 직장인으로 퇴근할 순 있어도 직업인으로는 아니다. 데드라인과 컨펌 라인이 없을 뿐, 우리는 삶을 살아가며 안목을 기르고 감각을 재련한다. 동시에 회사로 가져갈 아이디어와 기획의 단서를 채집한다. 의식하든 의식하지 않든 일상의 경험은 지금도 우리 어딘가에 마케팅의 재료로 은밀히 축적되고 있다.

끝나도 끝나지 않는 마케터의 굴레 앞에, 주어진 선택지는 유일해 보인다. 수용이다. 마케터 커리어를 그만둘 게 아니라면 끝내 받아들일 수밖에 없는 숙명과도 같다. 출근의 현생과 퇴근의 일상이 분리될 수 없음을 처음 깨달았을 때 결심했다. 일에서 삶을, 그리고 삶에서 일의 의미를 찾아보자고. 언뜻 보면 정신 승리일 수 있다. 하지만 전부 지는 것보단 1승이라도 건지는 게 낫지 않을까?

10년간 정말 많은 일을 했다. 특히 기력이 쌩쌩하던 커리어 초반 4~5년은 닥치는 대로 일했다. 가파르게 성장하는 회사, 그리고 일로 삶의 의미를 찾아보려는 주니어의 만남은 꽤 좋은 케미를 이뤘다. 비록 해 떠 있을 때 퇴근한 기억은 없지만, 놀랍게도 매 순간이 즐거웠다. 추억 보정일 수 있겠으나 거기에도 한계란 있는 법. 어플로 아무리 턱선을 깎아도 턱 자체를 날릴 순 없다.

분명 고단함의 시절에도 즐거움은 자리하고 있다. 그 즐거움의 원천은 일을 통해 내가 누구인지 명확해지는 감각이었다. 어떤 사람과 잘 맞고 어떤 사람과는 맞지 않는지, 나는 무엇을 어디까지 수용할 수 있고, 반대로 어떤 선은 기어코 지키려 하는지. 어느 때 편안함을 느끼고 어느 순간 불쾌함에 이르는지. 일상에선 알 수 없는, 오직 일이 가져다주는 특수한 상황에서 깨닫는 진짜 나와의 조우였다. 그렇게 미처 몰랐거나 애써 외면해온 자신을 발견하는 건 큰 즐거움이자 일에 더 열중하게 되는 원동력이었다.

일을 통해 오해를 지워가기도 했다. 나는 긴 시간 내가 크리에이티브한 사람이라고 오해했다. 정확히는 그리 믿고 싶은 욕망에 내가 나를 속여왔다. 무에서 유를 창조하는 사람, 그런 멋진 마케터이길 바라던 희망이 몇몇 미약한 성취를 근거 삼아 나의 정체성으로 둔갑했다. 일은 바람과 현실을 명명백백히 구분해낸다. 내 장점은 이상과 상이했다. 비유하면 나는 빈 땅에 씨를 뿌리는 사람보단 잘 가꾸는 사람에 가까웠다. 새로운 걸 시작하기보다 가능성 있는 프로젝트에 성장의 생기를 불어넣는 사람, 혼란에 빠진 캠페인에 새로운 방향성을 제시하는 데 적합한 자원이었다.

그건 지난 시간 배달의민족에서 맡은 역할들에 고스란히 드러난다. 예를 들어 대장으로 참여한 '2019 배민 떡볶이 마스터즈'가 대표적이다. 사실 배민 떡볶이 마스터즈는 급조된 캠페인이었다. 배달의민족의 새로운 브랜딩 자산으로 입지를 쌓아가던 <u>배민 치믈리에 자격시험</u>이 '닭을 희화화하지 말라'는 동물단체의 시위로 곤란을 겪자, 소재를 치킨에서 떡볶이로 선회하는 결정을 내렸다. 무엇을 바꾸고 무엇을 유지할지 정의하는 것부터 캠페인의 모든 요소를 나열한 후 하나하나 고쳐나갔다. 그 결과 2019 배민 떡볶이 마스터즈는 온라인 예선 참여자 58만 명, 본선 티켓팅 30초 만의 매진 기록을 세우며 메인이라 할 수 있는 오프라인 행사까지 무탈히 치뤄낸다. (당연한 얘기지만 혼자 이룬 것이 아닌 동료들과 함께 만든 성취인 걸 참고해주시길 빈다)

         2017년과 2018년에 열린 배달의민족 브랜딩 캠페인. 맛과 향으로 와인을 감별하는 소믈리에에서 영감 받아, 치킨에 대해 해박할 뿐 아니라 맛과 향으로 치킨 브랜드를 감별해내는 우리 주변 능력자를 찾기 위해 개최됐다. 온라인 모의고사와 오프라인 필기, 실기 시험을 진행했으며 시험 합격자들에게 '치믈리에' 자격증을 부여했다. 2019년 열린 떡볶이 마스터즈 캠페인은 치믈리에의 틀에서 소재를 치킨에서 떡볶이로 바꿔 진행됐다.

그 외에도 내가 맡아온 캠페인 대부분은 기존의 것을 변형, 발전시켜 새로움을 더하는 일종의 리브랜딩 쪽에 쏠려 있다. 그건 일을 하며 깨달은 직업인으로서의 장점이자, 퇴근 후 이어지는 나라는 사람의 강점이기도 했다. 나는 창작 그 자체보다 훌륭한 인풋을 재가공해 나만의 관점과 언어로 다시 풀어내는 데 재주를 보였다. 생각해보니 지금 이 마케터의 밑줄도 그 연장선이라 할 수 있겠다.

    장점의 발견은 단점의 깨달음으로도 이어진다. 일은 내가 어디에 소질이 없는지도 깨닫게 한다. 그 말인즉 나를 채워줄 사람, 다시 말해 어떤 사람과 협업해야 하는지 점지해준다. 핵개인의 시대로 흐르는 요즘이지만 우리 혼자 할 수 있는 것은 생각보다 제한적이다. 초인적 존재인 슈퍼 히어로조차 팀을 이뤄 부족함을 채우고 호그와트의 삼합이라 할 수 있는 해리, 헤르미온느, 론 또한 각자의 장점을 한데 모아 볼드모트와 맞선다. 그들도 그렇게 합심해서 살아가는데 머글인 내가 혼자서 뭘 할 수 있겠나.

누구와 일해야 시너지가 나는지 아는 건 회사 생활에 든든한 자산이 되어준다. 부족함을 알기에 그 빈틈을 채워주는 분들께 감사의 마음을 갖게 된다. 사실 겸손은 결심만으로 얻기 어려운 미덕이다. 내 부족함을 인지하고 타인으로부터의 도움을 피부로 느끼며 자연스레 체득하는 태도다. 그러니 일과 제대로 진검승부하며 연차를 쌓은 사람이라면 겸손은 기본적으로 장착될 수밖에 없다.

일에 최선을 다할수록, 나라는 사람은 선명해진다. 나에 대해 알아간다는 건 세계관을 구축하는 가장 기본적인 작업이고, 일하며 마주하는 희로애락은 그 세계관 정의에 중요한 단서로 기능한다. 10년간 직업인으로 보낸 시간이 어쩌면 그 이전의 20년 넘는 세월보다 더 많은 걸 알려줬는지도 모른다.

지금 세상은 워라밸이 찰나의 유행 아닌 하나의 가치관으로 자리 잡은 모양새다. 좋은 현상이다. 그러나 어떤 워라밸은 회사 생활을 단순 돈벌이의 수단으로, 퇴근 후의 나를 진짜 나이자 온전한

나로 정의한다. 틀렸다고 생각하지 않는다. 그럴 수 있다. 다만 확실한 건 퇴근 후 자유를 즐기는 나도, 천근만근인 월요일 출근길의 나도 모두 하나의 삶에 속해 있다는 사실이다. 인정하기 싫더라도 회사라는 세계에서 분투하는 나 역시 삶 속에 함께 존재한다. 일하는 자아와 퇴근 후의 자아를 번갈아 보며 결국 그 총합이 나란 걸 상기한다. 더군다나 마케터라면 경계선은 더욱 흐릿할 것이다. 우리는 출근해도 마케터, 퇴근해도 마케터란 사실. 어느 베스트셀러 제목처럼 일이 깨우쳐준 기쁨이자 슬픔이다.

어릴 때부터 서점을 참 좋아했다. 직사각형의 반듯함, 그 안을 빼곡히 채운 세상의 지식과 아름다운 언어, 종이 냄새. 내가 사랑하는 삶의 모든 요소가 한데 모여 있으니 어쩌면 당연했다. 지금도 마찬가지다. 서점에서 얻는 위안은 그 어떤 걸로도 대신할 수 없다.

서점을 갈 때 사야 할 책을 정해두지 않는 편이다. 먼저 책방 곳곳을 훑으며 이 책 저 책을 살핀다. 이때는 절대 유심히 들여다보지 않는다. 책의 제목과 앞뒤, 그리고 띠지 정도만. 그렇게 서점 한 바퀴를 돌면 마음에 걸리는 책이 있기 마련이다. 그럼 다시 가 서문을 읽으며 살지 말지 정한다.

그날의 구매 리스트는 보통 당시의 내가 가장 몰두하는 생각에 수렴해 있다. 누군가에게 푹 빠져 있다면 그 감정을 시원히 긁어줄 소설을, 일이 고민이라면 브랜딩 책을, 삶이 고될 땐 짐을 덜어주는 가벼운 일상의 웃음을.

그래서 책을 산다는 건 오늘의 나를 캡쳐하는 것과 비슷하다. 현재의 생각과 감상이 손에 쥔 책의 제목으로 투영된다. 어떤 면에선 검색창 앞의 상황과 그리 다르지 않다. 마치 구글링하듯, 서점에 들어서면 누구보다 솔직한 나와 마주한다.

지금까지 서점을 못 끊는 이유이기도 하다. 서점에 가면 진짜 순수한 형태의 나를 만날 수 있다. 이따금 나조차 내 감정을 정의하지 못할 때, 서점에서 그 답을 얻는다. 이렇게 책은 읽기도 전에 깨달음을 준다. 이번 주말에도 서점에 갈 참이다.

#서점

북마크(BookMarc), 마크 제이콥스가 만든 서점이다. 사실 서점의 기능을 하기보단 마크 제이콥스라는 크리에이터의 취향이 집약된 공간이다. 공간 구성과 인테리어, 소품 둘러보는 재미가 있다. 책은 디자인과 대중예술, 사진 서적 위주로 큐레이션 되어 있었다.

　　브랜딩의 끝은 결국 공간이라 생각한다. 정상 궤도에 있는 크리에이터가 직접 공들여 디렉팅한 공간이 '서점'이라는 데서 괜한 친밀감을 느낀다. 그렇게 마크 제이콥스 살 명분을 스스로 만들고……

#뉴욕여행
#여행로그

퇴사 전에 보세요

나에겐 퇴사카드가 있다. 꺼지지 않는 비상구가 있다.
마음속으로 퇴사카드를 단단히 쥐고, 일하는 내게 말해준다.
지금은 조금 더 용기를 내도 된다고. 조금 더 위험을
무릅써도 된다고. 조금 더 당당해져도 된다고.

김민철, 《내 일로 건너가는 법》 중에서

한 회사를 10년 다닌 사실에 많은 이들이 놀라워한다. 이직이 잦은
IT 업계에서의 10년이라 더 그럴 것이다. 그렇다고 그 시간이 마냥
무사태평하진 않았다.

　퇴사의 위기는 주기적으로 있어왔다. 이유 역시 특별치 않다.
모두가 한 번쯤 경험해봤을 지극히 평범한 상황들이다. 따라서 내
게도 퇴사는 막연한 미래가 아닌, 언제일진 몰라도 언제든 올 수 있
는 현실의 시나리오다. 이 책이 출간될 즈음 이미 다른 명함을 건네

고 있을지도 모를 일이다. (결국 말은 씨가 됐다)

슬픔과 노여움 없는 이는 퇴사를 고민하지 않는다. 한 번이라도 퇴사 카드를 만지작거렸다는 건 어딘가 가려운 구석이 있음을 뜻하고, 퇴사는 그 불편을 해결하는 가장 적극적인 대응이다. 다만 입으로 하는 퇴사가 아니라 손에 잡히는 결심을 하기까지 너무도 많은 고뇌의 순간이 우리를 기다린다.

퇴사 고민은 해답지 없이 푸는 모의고사와 다름 없다. 지금 회사에서 누리는 장점, 이직으로 얻는 새로운 기회, 떠나면 포기해야 할 아쉬움, 옮긴다 하여 보장되지 않는 여러 가치들. 우리는 각각을 저울질하며 오직 부딪혀봐야만 알 수 있는 미지의 답을 찾기 바쁘다.

그래서 기준이 필요하다. 퇴사가 남의 일이 아니라 필연 불어닥칠 운명이라면 떠남의 기준을 반드시 정의해야 한다. 그래야만 선택의 기로에서 무지성의 지름이 아닌 근거에 기반한 결정이 가능하다. 물론 그것이 늘 정답으로 인도하는 건 아니나 확실한 오답에는 빗금을 칠 수 있다.

다들 나름의 생각은 있을 것이다. 연봉, 회사 네이밍, 직급의 상승, 에이전시와 인하우스 사이에서의 결정 등 우리 모두에게는 현재의 결핍이 낳은 요구가 분명히 존재한다. 다만 꼭 함께 생각해봤으면 하는 건 옮길 곳이 아닌 떠날 곳을 향한 시선이다. 앞서 말한 가치가 미래를 향한 판단이라면, 동시에 지금 발 붙이고 있는 곳에 대한 명확한 기준 역시 필요하다. 언제 퇴사할 것인가, 정확히는 어떻게, 어떤 모습으로 퇴사할 것인가. '세상이 좁다'는 클리셰를 말하려는 것이 아니다. 온전히 나 자신을 위함이다.

지금 회사에서의 마지막 모습을 종종 상상해본다. 마지막 퇴근 버튼을 누르는 순간, 나는 그때의 내게 떳떳함이 깃들어 있길 빈다. 충만한 만족감 속에서 퇴사하고 싶다. 그것이 고민의 갈림길에서 내가 정의한 가장 이상적인 퇴사 장면이다. 재밌는 건 그 결심 덕에 이후 회사 생활의 밀도가 한층 높아졌다는 사실이다. 원하는 시기에 그만두려면 평소에 준비를 잘 해둬야 했다. 당장 내일 퇴사하더라도 떳떳하려면 주어진 몫의 일에 더 집중해야 했다. 동시에 부끄러운 동료로 기억되지 않기 위해 생존이 아닌 상식을 기준으로 결정을 이어갔다. 그리고 그 연속된 결심이 예상과 다른 시나리오의 미래를 가져다줬다.

잠시 샛길로 빠져 내 개인적인 서사를 조금 더 들어주실 수 있다면 (사실 그럴 마음 없으셔도 제 책이니 해볼게요), 꽤 긴 시간 번아웃에 시달린 적이 있다. 남들보다 한참 늦은 7년 차에 찾아온 번아웃이었다. 이전까지 누구보다 맹렬히 일했기에 번아웃의 농도 또한 짙고 깊었다. 일하기 싫어증은 1년여간 지속됐다. 곧 괜찮아질 거라 생각했던 무기력의 하루가 걷잡을 수 없이 쌓이자 어느새 그런 자신이 지독히 꼴보기 싫은 지경에 이르렀다. 퇴사만이 답이었다.

다만 이렇게 그만두는 것이 스스로 너무나 창피하게 다가왔다. 구리고 쪽팔린 작별이었다. 결국 의욕의 부스러기와 동기의 티

끝을 끌어모아 결심했다. 마지막으로 딱 하나만 제대로 해보고 나가기로. 그 프로젝트가 '주간 배짱이'였다. 딱 3개월 열심히 해서 무탈히 오픈시킨 뒤에 그만두겠단 다짐은 뜻밖의 재미로 인해 6개월, 성취의 만족감 때문에 1년으로 자꾸만 유예됐다. 결국 주간 배짱이는 하나의 팀으로 승격됐고 나는 팔자에도 없는 팀장까지 맡게 된다. 인생이란 대체 뭘까. 만취한 채 내뱉던 스무 살의 푸념을 20여 년이 흘러 지금까지도 되풀이한다. 인생 참 알 수 없다.

"평생직장 따윈 없다. 최고가 되어 떠나라!"

배달의민족 건물 곳곳에 붙어 있는 오랜 문구다. 이 문구대로라면 나는 회사의 지박령이 될 운명이다. 예나 지금이나 최고가 될 자신은 조금도 없다. 다만 최선을 다하고 떠나라 정도로 변주를 준다면 약간의 용기가 생긴다. 그리고 이건 퇴사의 갈림길에 선 누군가에게 내가 전하는 가장 현실적이고 솔직한 조언이다. 사직서를 반쯤 꺼낸 상황이라면 마지막으로 딱 한 번만, 대신 정말 최선을 다해 제대로 해보자는 것. 갈 땐 가더라도 담배 한 대 정도는 괜찮지 않냐는 이중구의 마음으로. 주간 배짱이라는 프로젝트와 마주했던 나의 마음이기도 하다.

　퇴사 문턱에서 쏘아올린 마지막 최선의 한 발은 생각보다 여러 의미를 남긴다. 만약 그 시도가 성공적인 결과를 낳는다면, 여러분에게는 새로운 기회가 주어질 것이다. 회사에서 제안하는 새로운 기회에 응할지 말지의 결정권은 이제 여러분에게 있다. 마음에 든다면 퇴사 예정일을 조금 더 미루는 것이고, 초심을 따른다면 박수받으며 나가면 된다.

원하는 결과에 미치지 못해 결국 퇴사하더라도 전혀 손해볼 것 없다. 진심을 다해 깊이 파본 경험은 틀림없이 성장의 자양분이 된다. 그 몰입의 시간은 반드시 여러분 어딘가에 선명히 새겨져 있다. 새로 옮길 직장, 새롭게 시작할 일에 어떤 식으로든 도움을 준다. 지금 당장 포트폴리오의 반짝이는 한 줄이 못 된다 해도, 다음에 새기게 될 더 긴 한 줄의 훌륭한 초성이 되기 마련이다.

하지만 성공 여부를 떠나 가장 크게 남는 건 떳떳함이다. 마지막 최선의 한 발을 쏘아올린 사람은 결과와 무관하게 떳떳한 마음으로 마지막 퇴근을 할 수 있다. 마지못해 쫓기듯 나가는 엔딩과 내가 할 수 있는 역량을 다 쏟아내 보고 제 발로 나가는 결말의 차이는 비교조차 민망하다. 연애는 만남보다 헤어짐이 중요한 법이다. 이별의 순간이 어떤지에 따라 이후 그 관계가 어떤 온도로 기억될지 결정된다. 고로 우리는 좋은 이별에 공을 들여야 한다. 회사와의 이별이라고 다르지 않다.

"이끌든지 따르든지 비키든지"

회사 곳곳에 붙어 있는 또 다른 문구다. 번아웃의 귀신이 들려 구마 의식이 필요했을 땐 이 한 줄이 '꼬우면 나가시든지' 정도로 비딱하게 보였다. 다만 이후 정신을 차리고 다시 보았을 때, 그건 주도권에 관한 이야기였다. 퇴사의 결정도 마찬가지다. 남탓, 회사탓에 그치는 게 아니라 헤어짐의 결정 주체가 내가 되면 좋겠다. 입사는 뽑혀서 들어왔다 쳐도 퇴사는 온전한 내 결정임을 모두가 인지했으면 한다. 퇴사에 대한 주체적인 태도는 삶의 중대한 결정을 자의적으로 해냈다는 감각을 안긴다. 그리고 그 감각은 앞으로 삶에서 해나갈 숱한 의사결정의 상황 속에서 꽤 근사한 레퍼런스로 남을 것이다. 지금 아무리 지옥 같은 상황에 허덕이고 있더라도 꼭 기억하시길. 결국 나를 구원할 수 있는 건 나뿐이다.

잘하지 못하더라도,
끝까지 했다는 이유로 박수 받는 몇 안 되는 일.

#마라톤

차분히 준비하면 기회는 온다

제가 걸어온 길이 구불구불했지만, 저한테는
그게 가장 좋고 빠르고 최적화된 길이었던 것 같아요.
마음을 여유롭게 가지시고 차근차근 한 발짝 한 발짝
걸어나가 주면 좋은 결과가 있을 거라고 믿습니다.

허준이, 필즈상 수상 후 입국 인터뷰 중에서

얼핏 보면 참 유명해지기 쉬운 세상이다. 나를 드러낼 수 있는 채널
이 전례 없이 다양하고 도파민 가득한 대중은 눈에 불을 켠 채 새로
운 자극을 기다린다. 하지만 '얼핏'이란 말에 담긴 무성의함에 걸맞
게, 유명해지는 건 생각보다 쉽지 않다. 이른바 반짝스타들이 끊임
없이 쏟아지는 듯해도 그런 반짝임 뒤에는 대개 숱한 노력과 인고
의 시간이 서려 있다. 오히려 대가 없이 찾아오는 유명세가 더 드물
다는 생각마저 든다.

세상에 깜짝 등장한 여러 얼굴 사이에는 축구 선수 조규성도 있다. 시작은 2022년 카타르 월드컵 조별리그 1차전이다. 교체 출전을 기다리던 조규성의 자태가 비친 순간은 〈늑대의 유혹〉 강동원, 〈관상〉 이정재에 비견될 놀라운 등장신이었다. 당연히(?) 인스타그램 팔로워 수는 솟구쳤고, 며칠 뒤 가나전 멀티 골에 힘입어 그는 전국구 스타로 올라선다. 하지만 오랜 K리그 팬으로서 볼 때 조규성은 반짝스타와 거리가 먼 인물이다. 오히려 반대에 가깝다.

그는 애매한 공격수였다. 여러 포지션을 거치다 대학에 와서야 스트라이커 자리에 정착했고, 2부 리그라 할 수 있는 K리그2에서의 활약을 인정받아 국내 최고 명문 팀인 전북 현대로 이적했지만 초반 활약은 미미했던 게 사실이다. 스트라이커로서의 무게감이 부족했고, 측면 자원으로 뛰기에는 속도와 기술이 아쉬웠다. 결국 주전 경쟁에서 밀리며 2020년 한 해 리그 23경기 출전, 4득점에 그친다. 많은 이들이 1부 리그의 높은 벽을 근거 삼아 그의 성공에 물음표를 던졌다. 고백하면 나도 거기까지라 생각했다. 아직 어린 선수고 과거에 가능성을 보였다지만 한계가 분명해 보였다.

그러나 조규성은 좌절 대신 맞서기를 택한다. 전북에서 아쉬운 첫 시즌을 보낸 후, 그는 곧장 상무에 입대한다. 그곳에서 벌크업에 집중하며 버티는 힘을 기르기 시작한다. 독하게 마음먹고 일군 피지컬의 변화는 조규성을 완전히 다른 선수로 탈바꿈시킨다. 꼬리표처럼 따라붙던 애매함은 다재다능함이 됐다. 수비수와 경합해서

차분히 준비하면 기회는 온다

버틸 수 있는 힘은 연계 능력의 향상으로 이어졌고, 기존 장점인 활동량까지 더해져 그를 현대 축구가 요구하는 가장 이상적인 공격수로 만들어줬다. 도쿄 올림픽 최종 엔트리에 탈락하며 고배를 마셨지만 그는 늘 그래왔듯 묵묵히 준비한다.

이후는 모두가 아는 대로다. 상무에서 전역해 전북으로 돌아온 그는 K리그 득점왕에 오른다. 국가대표 붙박이 주전 공격수들과 경쟁 구조를 만들더니 우리나라 축구사 최초로 월드컵 본선 무대에서 멀티 골을 기록한 선수가 됐다. 사람들의 의문 부호 속에 진출한 덴마크 리그의 데뷔전에서 골을 넣으며 경기 최우수선수로 선정된 데 이어 이 글을 쓰는 지금은 리그 득점 선두에 올랐다. 2부 리그에서 죽을힘을 다해 뛰던 조규성과 오늘의 그를 번갈아 떠올리며 다시 상기한다. 일희일비하지 않고 차분히 준비하면 기회는 온다.

삶은 짧다. 한 것도 없는데 벌써 월요일이고, 벌써 한 달이 지나고, 벌써 연말이다. 아마 죽을 때까지 반복될 한탄이다. 하지만 쏜살같이 흐르는 와중에도 변화와 만회의 기회는 늘 곁에 있다. 고깃집에서 불판 갈아주듯, 삶은 매일 빳빳한 흰 도화지의 하루를 우리 손에 쥐어준다. 그걸 어떻게 스케치하고 채색할진 각자의 몫이다. 눈코 뜰 새 없이 바빠 무엇 하나 마음대로 해낸 게 없는 하루 끝에서도 그나마 덜 좌절하는 이유다. 차분히 해야 할 것들을 떠올리고 묵묵히 그 일에 몰두하는 근거다. 내가 반짝스타가 될 일은 없겠지만 이런 하루의 누적이 삶 전체를 반짝이게 비출 거란 희망이다.

아주 예전, 영화 〈이터널 선샤인〉을 처음 보고 나눴던 대화가 생각난다. 원하는 기억만 삭제해주는 라쿠나가 실제한다면 과연 그 서비스를 이용할 건지.

고민 끝에 나는 아니라 답했다. 떠올릴 때마다 마음을 갈갈이 찢는 기억들이 있지만, 결국 그 균열의 역사를 딛고 지금의 나로 흘러들었다.

실수는 반복될 것이다. 그러나 우리는 그 실수의 계단들을 밟아나가며, 더 나은 나를 올려다볼 것이다.

#실수

세상에서 제일 멋없는 태도

실패나 고난을 맞닥뜨렸을 때,
불평불만을 늘어놓거나 세상을 삐딱하게 바라보며
남을 질투하는 것만큼 초라한 일도 없다.

이나모리 가즈오, 《왜 일하는가》 중에서

삶은 희극일까, 비극일까. 행복과 좌절의 진자 운동을 하루 단위로 겪으며 생각한다. 사실 정답이 뭐든 큰 상관은 없다. 무엇 하나 내 마음대로 되는 게 없단 사실은 변치 않기에. 만약 그것이 바꿀 수 없는 삶의 속성이라면, 선택은 다시 우리에게로 돌아온다. 어떤 태도를 취할 것인가. 어떻게 마주할 것인가.

여전히 또렷한 답은 알지 못한다. 이래도 보고 저래도 보며 제한된 선택지에서 나름 최적의 행복을 찾아 나선다. 다만 모두가 그

렁듯 나도 처음 살아보는지라 안간힘이 무색하게 흑역사와 영광의 순간을 쉴 틈 없이 오간다. 물론 둘 사이의 빈도는 무척이나 불공평하다. 행복이 15초 광고처럼 흐른다면, 마음처럼 안 되는 지난한 일상은 아빠가 틀어놓은 다큐멘터리 같아 도무지 끝날 기미가 없다. 짧게 웃고 길게 속상하고 가끔은 우는 하루가 이어진다.

불안한 마음으로 중간 결산한다. 가치관을 빼곡히 뒤덮은 수정 테이프 위, 아직 잔존한 글자들을 모은다. 그중 유독 크게 쓰인 단어가 성실이다. 지금의 내가 가장 높이 평가하는 가치이자 몰두하는 바다. 미사여구 걷어내고 담백히 말하면 가장 타율 좋은 삶의 태도다. 성실히 내디딘 거의 모든 발걸음은 내가 원하던 곳, 혹은 그 근처, 그것도 아니라면 적어도 원래 있던 곳보다 나은 자리로 데려다줬다. 본성은 게으름과 훨씬 더 가깝지만, 지금껏 크게 배신한 적 없는 믿을 구석을 놓고 굳이 다른 방식을 취하지 않는다. 시험 족보가 손에 있는데 끝내 자기 고집을 밀어붙여 다른 답을 쓰는 건 바보 같을 테니.

그럼 성실함의 반대말은 게으름일까? 아니라고 본다. 성실의 반대편에는 냉소가 있다. 고백하면 어릴 때는 시니컬한 태도를 조금 멋지다고도 생각했다. 그러나 지금은 악뮤 이찬혁이 정의한 힙합과 동일선상에 놓는다. 안전한 거리에서 팔짱 끼고 싫은 소리만 하는 게 얼마나 멋없는지 이제는 안다. 냉소가 쓸데없는 건 그것이 어떤 해결도 가져올 수 없어서다. 냉소는 혐오의 차갑고 수동적인 변주다. 문제의 해결이란, 있어 보이기만 할 뿐 텅 빈 태도의 사람이 아닌 낙관의 자세로 일단 시도하는 사람들의 몫이다.

미국의 코미디언이자 MC 코난 오브라이언은 그의 오랜 꿈이었던 NBC 〈투나잇 쇼〉의 호스트를 내려놓는 마지막 에피소드, 마지막 인사말에서 냉소의 무용함을 강조했다. 수십 년간 숱한 사람과 만나 이야기 나눈 그가 인생의 중요한 챕터를 매듭지으며 내린 결론이다. 곱씹고 또 곱씹을 만하다.

여러분께 딱 한 가지 부탁드릴 게 있습니다.
특히 지금 시청하고 계신 젊은이들에게 간청합니다.
제발, 시니컬해지지 마세요. 저는 냉소를 경멸합니다.
제가 제일 싫어하는 성격인 데다,
아무짝에도 쓸모가 없어요.

세상 사람 그 누구도 인생이 계획대로만
되지는 않습니다.
하지만 하루하루 성실하고 친절하게 살아간다면
반드시 놀라운 일들이 펼쳐질 것입니다.
잊지 마세요. 놀라운 일이 일어날 겁니다.
이것이 세상의 이치이자 삶의 진리예요.

3부

시절인연

타령 금지

사람을 알 때

박각

다정한 팀

잘 맞는 사람이라는 착각

사람과 사람 사이에는 적정한 거리감이라는 게 필요하다.
누군가에게는 열 보가 필요하고 누군가에게는 반보가 필요하다.
그보다 더하거나 덜하면 둘 사이를 잇고 있는 다리가 붕괴된다.
인간관계란 그 거리감을 셈하는 일이다.

허지웅,《살고 싶다는 농담》중에서

살면서 절대 안 할 두 가지가 있다. 하나는 바디 프로필. 노출에 있어 만큼은 애국보수 성향이 짙기도 하고 무엇보다 바프 찍는 사람들의 그 뇌쇄적인 표정을 도무지 지을 자신이 없다. 다른 하나는 사내 연애다. 물론 이건 안 하는게 아니라 못 하는 영역이기도 함을 짚고 넘어간다.

이유는 바깥(?)에도 있지만 내 안에 더 분명히 자리한다. 연애처럼 마음과 마음 사이 복잡한 실타래를 풀어가기엔, 나는 직장에서 겪는 모든 인간관계를 어려워한다. 사실 인간관계야 인생의 유구한 난관이었지만 그중에서도 회사는 단연코 가장 고차원의 스테이지다. 알다가도 모르겠고 모르는 건 계속 모르겠다. 생채기가 잘나서, 마음속 트러블이 과음 후 화장 안 지우고 잔 다음 날 아침처럼 군데군데 올라와 있다. 겨우 잘 지내기도 벅찬데 연애는 무슨. 가당치도 않다.

관계를 힘겨워하는 건 아이러니하게도 거기에 너무 많은 힘을 쏟아서다. 관계에 지워진 무게는 기대로 치환되고 대부분 실망으로 돌아온다. 힘이 잔뜩 들어간 감정은 균열에 더 취약한 법이다. 처음 가진 마음은 쉽게 변질되고 혼란 속에서 속절없이 휘둘린다. 결국 관계의 파편을 끌어안은 채 후회하거나 스스로에게 조소를 보내는 엔딩. 매번 여지 없다.

결국 겁만 많아졌다. 말의 온도에 예민하고 상처 또한 많은 이들이 으레 그렇듯, 거리를 이제는 너무 광활하게 둔다. 안정감을 갖기 위해서라 말하지만 사실 불안에 잠식됐다는 게 정확하다. 누군가 베푼 뜻밖의 호의 앞에서도 지레 겁먹고 예쁘게 닦인 다정한 관계의 길을 외면한다. 그리고 한 발 두 발 물러선다.

고장 난 샤워기 아래 앗 뜨거와 앗 차가를 반복하듯, 데일 듯한 뜨거움과 아리는 서늘함 사이의 오랜 왕복을 멈추고 싶었다. 고립되어 가는 느낌 또한 지우고 싶었다. 더는 이러지 말자는 결심으로 심리상담을 시작했고, 여러 질문을 통해 나는 자신을 언제나 인간

관계의 피해자라 여겼음을 확인했다. 불편한 진실이다. 관계에 있어 무결하다는, 아니 그리고 싶은 비현실적 희망을 품었다. 일종의 완벽주의였다. 누구에게든 근사한 사람이고 싶고, 특히 가까이 두고 싶은 이에게는 완벽히 좋은 사람이고 싶었다. '나랑 잘 맞는다'고 제멋대로 정의한 이들에게 성큼성큼 다가가 티 없는 관계를 맺길 바랐다. 그러나 그건 어떤 미움도 받고 싶지 않은 마음을 내포하고 있었다. 동시에 완벽을 좇는 건, 사소한 관계의 실금에도 절연까지 상상하는 악습관을 낳았다. 오해를 샀거나 부득이하게 갈등이 생긴 관계는 쉽게 포기해버린 채 수습의 노력을 하지 않았다. 발걸음을 돌려 도망치기 바빴다. 그러던 어느 날, TV 토론 프로그램에서 본 관련 없는 주제의 이야기 속에서 뜻밖의 힌트를 발견했다.

"우리가 몸의 건강을 지키기 위해 멸균실에 살면서 증류수를 마시고 음식은 다 끓여서 먹고 한다고 건강 해지는 게 아니에요. 세균과 바이러스가 득실거리는 환경 속에 살아도 면역 체계가 살아 있고 그 병균을 이겨낼 수 있어야 건강한 몸이거든요."

동료와의 관계도 크게 다르지 않다는 생각을 한다. 원만한 사회생활은 완벽한 인간관계로 무장하는 것도, 모두에게 사랑받는 것도 아니었다. 내가 나로서 존재하되 일을 중심으로 조화와 인내를 번

갈아 오가는 것, 수천 수만 번 업데이트된 일터에서의 합리적인 인간관계 현재 버전은 내게 그리 정의된다.

여기서 가장 중요한 건 거리의 셈이다. 예전처럼 너무 가까이나 멀리에 방점을 찍고 결론 내리지 않는다. 살아 있는 생명체를 어루만지듯 내 마음과 상대방의 성향, 우리 사이의 일, 그리고 배경처럼 주어진 상황을 각각 셈하며 적당한 거리를 가늠한다. 계산은 매번 복잡했지만 감정의 끓는점은 점차 안정을 찾아갔다. 그렇게 완벽을 버림으로써 마주한 건 미완이 아니었다. 편안함과 자연스러움이었다.

지금은 거리를 셈하는 데 익숙해졌다. 익숙해졌을 뿐더러 약간의 재능마저 감지한다. 평생 눈치 보며 살아온 내향형 기질이 여기서는 긍정적으로 작용하는 게 재밌다. 더불어 그동안 지레 겁먹고 얼마나 먼 거리에 나를 위치시켰는지도 알게 됐다. 그럼 이제 필요한 건 기꺼이 상대방을 향해 마중 나가겠다는 마음, 적정 거리까지 내가 먼저 가보겠다는 계산된 용기다.

더 이상 나와 잘 맞는 사람이 누군지 정의하지 않는다. 솔직히 회사 생활에서는 그런 게 없다고, 심지어 조금 위험한 발상이란 생각도 해본다. 잘 맞는 사람이 있다는 건 안 맞는 사람 또한 존재함을 전제한다. 즉, 마음 한 켠에서 소외와 배제가 일어난다. 중요한 건 맞고 안 맞고가 아닌 함께 일을 하는 데 있다. 우리 돈 받고 일하는 사람들이지 않나. 꼴도 보기 싫은 사람일지언정 그와도 최선을 다

잘 맞는 사람이라는 착각

해 일적인 시너지를 모색하고 의미 있는 결과를 만들어내는 게 직업인이자 월급 받는 사람으로서의 책무 중 하나일 것이다.

물론 손뼉이 맞아야 평화에 이를 수 있다. 아무리 내가 생각을 다잡더라도 편가르기에 혈안인 누군가가 있다면 나 홀로 소외당할 수 있고 심지어 뒷담화의 희생양이 되지 말란 법도 없다. 다행히 그런 사람은 좀처럼 만나기 쉽지 않다고 생각하지만, 만약의 만약을 대비해 문장 하나를 나만의 믿을 구석으로 두고 있기는 하다. 두 번의 올림픽에서 금메달을 따며 역대 최고의 아마추어 복서로 기록된 우크라이나의 바실 로마첸코의 말이다. 누군가 나를 뒤에서 험담하고 따돌리려 한다면 떠올려보자.

뒤에서 얘기하는 사람들 신경 쓰지 마세요.
그들이 당신 뒤에 있는 이유예요.

내겐 좋아하는 이들이 있다.

이 말에 본인임을 직감하는 사람도, 아리송한 사람도, 당연히 나는 아닐 거라 생각하지만 당신이 맞는 그런 사람도 있다. 아무리 인류애가 가뭄이라 한들 끝내 나를 살아가게 하는 것 또한 인간의 몫임을 안다.

예전에는 그들과 특별함을 나누고 싶었다. 일생일대의 귀하고 소중한 순간마다 그들이 옆에 있어주길 바랐다. 다만 지금은 반대의 시선을 갖는다. 그들이 옆에 있기에 별것 없는 일상마저 특별함으로 기억된다. 연애의 가장 행복했던 순간을 말하라면, 어느 여름밤 한 손에 하드, 다른 한 손은 옆 사람의 손을 잡고 절반이 놀림과 장난인 대화를 나누던 장면을 떠올리는 이유다.

시간이 갈수록 행복의 어렴풋한 정의는 일상과 점차 가까워진다. 덕분에 사람에게 바라는 게 없어진다. 염세적인 생각이자 낙관 가득한 사고다. 특히 소중한 이들에게는 무언가를 기대하지 않는다. 이미 존재만으로도 그들은 내게 제 역할을 다하는 중이다.

잘 먹고, 잘 쉬고, 잘 자기를. 바라는 건 다만 그뿐이다.

#바람

우리가 아니면 누가?

공간의 완성은 사람이라고 생각한다. 아무리 멋진 인테리어에,
예쁜 제품에, 좋은 향기에, 근사한 노래가 흘러나와도
공간에 있는 사람이 즐거워 보이지 않으면 호감이 가지 않고
오래 머물고 싶은 생각이 들지 않는다.

박신후, 《행복을 파는 브랜드, 오롤리데이》 중에서

유튜브 채널 '빠더너스'의 광팬이다. 빠둥이를 만나면 내적 친밀감
에 목소리가 두 옥타브 정도 올라갈 만큼 이 채널의 열렬한 지지자
다. 입덕 계기는 다른 많은 빠둥이들처럼 '한국 지리 일타강사 문쌤'
이었다. 채널의 긴 무명의 잠을 깨운 콘텐츠로 여러분도 한 번쯤은
스치듯 봤을 것이다. 하이퍼 리얼리즘의 정수이니 시간 되신다면
꼭 봐주시고 구독, 좋아요, 알람 설정 부탁드린다.

사람을 알 때

_____ 빠더너스의 구독자 애칭.

_____ 빠더너스 멤버인 문상훈이 한국지리 인강 쌤을 연기하는 채널 대표 콘텐츠. 문상훈은 넷플릭스 드라마 〈D.P.〉에서 김루리 일병, ENA 드라마 〈이상한 변호사 우영우〉 속 펭수를 무척이나 좋아하던 김정훈 역할로 맹활약했다.

빠더너스 채널은 문쌤 외에도 다양한 콘텐츠를 전개한다. 페이크 뉴스 '문상 기자'부터 군인과 복학생뿐 아니라 고등학생까지 소름 돋게 연기하는 '후니쓰 브이로그', 인간 문상훈의 진솔하고 소담한 면을 느낄 수 있는 '오지 않는 당신을 기다리며'까지. 구독자 140만 명의 채널인 만큼 사람마다 최애는 제각각일 것이다. 그런데 빠둥이라면 유독 눈이 가는 시리즈가 있다.

'해인칭 관찰자 시점'이다. 빠더너스에서 영상과 편집을 담당하는 홍해인 님이 직접 카메라를 들고 회사 일상을 담는 형식으로, 빠더너스의 다른 콘텐츠와 약간은 결을 달리한다. 준비된 각본 아래 돌아가는 것이 아닌, 회사에서 드러나는 날것의 일상을 채집하듯 보여준다. 자연스레 카메라에는 별거 없는 풍경들이 담긴다. 점심 메뉴를 고르는 멤버들의 나른한 오전, 사활을 건 아이스크림 내기 가위바위보, 지난한 아이디어 회의에서 점점 정신줄을 놓아버리는 모습까지. 그러나 그 평범함에 자꾸만 마음이 간다.

신남이 느껴져서다. 외부인이 보기에 그들의 회사 생활은 시트콤 같은 하루의 연속이다. '해인칭 관찰자 시점'의 탁월함은 일터

175

우리가 아니면 누가?

의 공기를 인위적인 이물감 없이 보여주는 데 있다. 평범한 일상이지만 그 속에는 즐겁게 일하는 사람 특유의 귀여움과 사랑스러움이 배어 있다. 놀랍게도 빠더너스의 콘텐츠를 볼 때 느끼는 바로 그 감정이다. 브랜드 고유의 감성이 억지로 쥐어짠 게 아닌 만드는 이들의 매력이 고스란히 스민 것임을 알게 될 때, 빠둥이들은 돌아올 수 없는 입덕의 강을 건넌다.

그런데 자세히 들여다보면 이 시리즈를 가장 즐기고 있는 건 빠더너스 그들이란 생각을 하게 된다. 마지못해 출연하는 것 같아도 이미 멤버 한 명 한 명이 캐릭터로서 수년째 자기 몫을 다하고 있다. 카메라 앞에서의 자연스러움은 일의 원초적 동력인 '재미'가 낳은 결과처럼도 보인다. '해인칭 관찰자 시점'의 새 영상이 업로드되는 순간을 상상하면, 대중의 반응을 조마조마하게 모니터링하는 모습보다 영상으로 기록된 일터의 순간을 보며 자기들끼리 키득거리는 모습이 떠오른다.

'해인칭 관찰자 시점' 이전의 '홈비디오' 시리즈를 통해서도 빠더너스는 줄곧 일터의 풍경을 브이로그 형식으로 선보여왔다. 일하는 방식과 분위기야말로 빠더너스 고유의 무드를 보여주는 가장 좋은 도구이기 때문이다. 다만 상상을 한 발 더 뻗어보면, 다른 누구도 아닌 그들 자신이 가장 큰 효능감을 느끼기 때문 아닐까? 힘 빼고 목적은 흐릿하게, 하지만 가장 우리다운 모습을 보여줌으로써 보는 사람도 즐겁고 만드는 사람은 더 웃긴 콘텐츠가 탄생했다. 엄밀히 따져 '해인칭 관찰자 시점'은 입덕용 콘텐츠는 아니다. 그러나 탈덕을 못하게 하는 이유로 기능한다. 이제는 문쌤도, 후니쓰도, 문당훈도 아닌 빠더너스 그 자체를 사랑하게 됐다.

사람이든 유튜브 채널이든 자기만의 뾰족함이 있어야 생존 가능한 시대에 자기다움은 본연의 모습에서 가장 자연스럽게 피어난다. 억지로 하면 금방 들통나는 세상이다. 브랜드에 명확한 색이 존재하고, 이를 지지하고 동조하는 이들이 모여 무언가를 만들어낼 때 우리는 다름을 느낀다. 어디에서 느껴본 적 없는 고유함을 감지한다. 이제는 오직 그런 브랜드만이 영속성을 갖는다.

일터의 공기와 결과물 사이의 일체감이 너무도 중요해졌다. 이의 대표적인 케이스가 코스메틱 브랜드 러쉬다. 러쉬 매장을 한 번이라도 가봤다면 그 경험을 잊기 쉽지 않다. 제품에서 드러나는 선명한 색처럼 러쉬는 폭발적인 에너지를 아이덴티티로 가진다. 그걸 어디서 느낄 수 있느냐고? 바로 매장 직원들로부터다. 러쉬 스토어에 갈 때마다 맑은 눈을 한 직원들이 나를 맞아준다. 그들의 현란한 말솜씨와 그보다 더 현란한 분위기에 휩쓸리다 보면 이미 양손 가득 쇼핑을 끝낸 나를 발견한다. 집에 오면 시름시름 앓으며 쪽쪽 빨린 기를 회복하기 바쁘지만 그들이 뿜어내는 긍정 에너지에 괜스레 기분이 좋아지는 것도 사실이다.

중요한 건 이것이 특정 매장에서만 경험할 수 있는 특이 케이스가 아니라는 점이다. 정도의 차이는 있어도 러쉬 어느 매장을 가든 비슷한 분위기를 느낀다. 그만큼 러쉬가 채용과 교육을 일관된 가이드 속에 잘하고 있다는 뜻이다. 매장에서 느낄 수 있는 에너지는 러쉬의 가치에 온전히 동의하고 지지하는 이들이 아니라면 나올 수 없는 무언가다. 이미 커뮤니티를 중심으로 '러쉬 직원'은 하나의 고유명사처럼 자리 잡았다. MBTI로 치면 ENFP의 정점이랄까. 명랑함을 뛰어넘는 긍정 에너지의 화신들이 이글거리는 눈빛으로 우리를 기다린다.

현재 러쉬는 인스타그램, 페이스북, 틱톡 등 모든 SNS 활동을 중단한 상태다. 고객과의 친밀한 관계 구축이라는 본연의 취지와 달리, 거대 소셜 미디어 기업들의 의도적인 알고리즘 설계, 디지털 폭력 방치, 이로 인한 디지털 세대의 불안과 우울 증세에 저항하기 위해서다. 그러나 놀랍게도 러쉬는 그들의 메시지를 무탈히 전파 중이다. 그 중심에서 '러쉬 직원'은 브랜드의 가장 든든한 자산으로 기능하고 있다.

빠더너스와 러쉬의 사례는 브랜딩의 최우선 대상이 누구여야 하는지의 질문을 남긴다. 브랜딩의 첫 번째 고객은 다수의 대중도, 소수의 팬덤도 아닌 그 브랜드를 만들어가는 구성원이 되어야 한다. 내부에서조차 수긍이 안 되는데 바깥에서 설득력을 얻을 수 있을까? 흥미 없이 관성대로, 혹은 만들라고 해서 만든 결과물을 사람들이 좋아해줄까? 내부에서 지지받지 못하는 브랜딩이라…… 그만큼 공허한 것도 없다.

2019년 글로벌 PR 기업 아델만에서 발표한 리서치에 따르면 '어떤 정보 출처를 신뢰하는가'라는 질문에 사람들은 나와 같은 타인, 일반 임직원의 목소리를 기업 대표나 언론 저널리스트보다 신뢰한다고 답했다. 기술적 전문가를 제외하면 나와 동일 선상에 있는 사람들의 시선을 믿는다는 결과다.

구성원을 최우선 고객으로 두는 건 단순 복지 차원이 아니다. 브랜딩을 잘 전개해가기 위한 사전 작업에 가깝다. 브랜드 비전을 수립하든, 새로운 서비스를 런칭하든, 가장 잘 이해하고 애용하고 즐기는 대상은 구성원이 되어야 한다. 물론 애사심을 강제로 요구할 수 없단 건 모두 알 것이다. 납득의 과정과 노력이 필요하다. 그래서 어렵다.

뉴스레터 〈주간 배짱이〉도 같은 고민을 공유했다. 우리는 이 레터의 가장 열렬한 독자가 사내 구성원이길 바랐다. 팬을 위한 콘텐츠였지만 팬덤이라는 거대한 범주에 구성원도 포함돼야 한단 믿음이 기저에 있었다. 그 믿음은 배달의민족의 단신 소식을 모아 알리는 코너 '어.배.더.알'에서 잘 드러났다. 하나의 주제를 상세히 풀어내는 여타 코너와 달리 어배더알은 짧은 단신 소식들, 가령 주말까지 진행되는 할인 이벤트나 앱 업데이트 소식, 배민의 사회 공헌 활동 등을 모아 전하는 코너였다. 동시에 구성원과 〈주간 배짱이〉를 잇는 연결점의 역할도 겸했다.

_____ '어쩌면 배짱이가 더 알고 싶은 이야기'의 줄임말.

어배더알은 효과 좋은 광고 채널이었다. SNS가 대중을 대상으로 하는 채널이라면, 〈주간 배짱이〉는 배민의 이야기에 더 귀 기울이는 찐팬들이 보는 매체라 SNS에서 주목받기 어려운 소재에도 유의미한 반응이 따라왔다. 특히 착한 소식을 전하기에 매우 적합했다. 자극적인 콘텐츠로 가득한 SNS에서 기업의 착한 이야기가 소문나기는 쉽지 않다. 그럼에도 안 할 수는 없기에 꾸준히 노출을 시도하지만 큰 주목을 받지 못하는 것이 안타까운 현실이다.

그러나 팬이라면 조금 다르다. 미처 몰랐던 브랜드 이야기에 열렬히 반응하는 그들이기에 배민의 사회 공헌 활동에도 귀를 기울였다. 심지어 함께 참여할 방법이 없을지 답장하는 배짱이가 있을 만큼 배민의 행보를 적극 지지하고 동참을 희망했다. 평소 〈주간 배짱이〉를 애독하던 구성원은 이 점을 감지하고 발 빠르게 어배더알을 활용했다. 구성원의 효능감이 쌓이자 코너를 찾는 팀과 구성원 또한 다양해졌다. 나중에는 달마다 스케줄이 빠르게 차는 바람에 미리 예약을 받아야 할 정도였다.

우리의 바람은 명료했다. 〈주간 배짱이〉가 남 일이 아니길 바랐다. 구성원과 동떨어져 있지 않은, 함께 만들어가는 매체로 인식되길 바랐다. 코너 담당자를 팀 내에서 가장 사교성 좋고 평소 다른 부서 구성원과도 두루두루 소통하는 분짜의 질주 님으로 정한 이유기도 했다. 나라면 고갈되는 사회성을 붙들며 스트레스 받았을 커뮤니케이션도 분짜 님은 늘 현명히 척척 잘해냈다. 덕분에 어배더

알이 성공적으로 자리 잡을 수 있었다.

_____ 〈주간 베짱이〉를 만들던 마케터 모두 콘텐츠 에디터를 겸하며 실명 대신 음식을 활용한 닉네임을 사용했다. 참고로 내 닉네임은 서울도시까스였다.

어떤 곳에서는 마케팅이, 특히 브랜딩이 구성원들의 지지를 받지 못한다. 돈만 쓰는 녀석들이란 손가락질을 받기도 한다. 당장을 생각하면 맞는 말일 수도 있으나, 꾸준한 브랜딩이 가져다줄 미래를 생각하면 억울한 감도 든다. 그러나 무엇이 맞고 틀린지 따지는 건 그리 중요하지 않고 쓸모도 없다. 왜 그러한 말이 나오게 됐는지 문제 인식이 필요하다.

　다른 일은 몰라도 적어도 브랜딩만은 걔네의 일이 아닌, 우리의 일이 되어야 한다. 브랜딩을 통해 설파할 가치는 우리 구성원부터 설득시켜야 한다. 하다못해 웃기려거든 우리 구성원의 유머 장벽부터 허물어야 한다. 우리부터 납득하고 우리부터 이해해야 그 충분한 공감대 속에 브랜딩의 탑을 쌓아갈 수 있다. 아무리 밖에서 인자한 모습으로 다녀도 정작 집에서 그렇지 못하다면, 누가 그를 좋은 어른으로 생각할까? 첫 고객은 늘 가장 가까이에 있다.

우리가 아니면 누가?

다정한 팀이 살아남는다

우리는 가장 아끼는 직원을
가장 가혹하게 대하는 경향이 있습니다.
그러면서 이렇게 말해요.
"내가 너 진짜 아끼는 거 알지?"
아뇨, 모릅니다.

박소연, 《일 잘하는 사람은 단순하게 말합니다》 중에서

최근 가장 재밌게 본 콘텐츠로 주저없이 〈베컴〉을 꼽는다. 축구 역사상 최고의 슈퍼스타 데이비드 베컴에 관한 넷플릭스 다큐멘터리로, 나 같은 축구 덕후라면 갑자기 4시간이 사라지는 마법을 경험할 수 있다. 축구를 잘 몰라도 전혀 문제되지 않는다. 역대 가장 잘생긴 축구 선수의 일과 사랑 그리고 파란만장한 삶, 어찌 재생 버튼을 누르지 않을 수 있을까.

〈베컴〉은 1998년 프랑스 월드컵을 조명한다. 그에게 이 대회

는 여러모로 기회였다. 슈퍼스타로 막 발돋움하기 시작한 때 찾아온 생애 첫 월드컵 출전이었다. 그리고 실제로 프랑스 월드컵은 베컴의 삶에 거대한 변곡점이 됐다. 물론 예상과는 정반대였지만 말이다.

시작은 훌륭했다. 베컴은 조별 예선에서 프리킥 골을 기록하며 영국의 다음 라운드 진출을 이끈다. 문제는 숙적 아르헨티나와의 16강전. 베컴은 이 경기에서 인생 최악의 실수를 저지른다. 상대팀의 도발에 넘어가 불필요한 플레이를 했고 이로 인해 퇴장을 당하게 된 것이다. 베컴이 빠진 잉글랜드는 분전했지만 결국 승부차기 끝에 탈락한다. 적절한 신구 조화로 1966년 이후 32년만의 우승을 노리던 세대였기에 더 뼈아픈 탈락이었다.

베컴은 국민 영웅에서 국민 역적으로 추락한다. 악명 높은 영국 언론은 패배의 원흉으로 베컴을 지목했다. 실제로 한 영국 신문의 헤드라인이 "열 명의 용감한 사자와 한 명의 멍청이"였을 정도다. 모든 국민이 등을 돌렸고 그를 향한 극악한 비난을 쏟아냈다. 응당 그를 보호해야 할 당시 국가대표팀 감독과 영국 총리마저 비난에 힘을 실으며, 베컴은 말 그대로 인생 최악의 시기에 놓인다. 다큐멘터리를 보면 진짜 저러다 사람 하나 어떻게 돼도 이상할 게 없겠다 싶은 대중의 잔혹함이 여실히 드러난다.

하지만 다행히도 그의 곁에는 훌륭한 조력자가 존재했다. 당시 베컴의 소속팀인 맨체스터 유나이티드의 감독 알렉스 퍼거슨

이다. 베컴의 팀메이트로 그와 오랜 시간 호흡을 맞춘 게리 네빌의
표현을 빌리면, 퍼거슨은 베컴에게 악의를 가진 이는 접근할 수 없
는 '섬'을 만들었다. 오직 그에게 호의적인 친구와 동료만을 곁에 둔
채, 그렇지 않은 이들은 내쫓아 철저히 베컴을 보호한다.

물론 이후에도 비난과 야유는 계속됐다. 그러나 감독의 세심
한 관리, 베컴에 대한 공격을 우리를 향한 공격으로 정의하며 그라
운드에서 함께한 동료들의 투쟁, 여기에 실력으로 보여주겠다는 베
컴의 독기가 맞물려 결국 그들은 새로운 역사를 쓴다. 그해 맨체스
터 유나이티드는 리그 우승은 물론 영국 구단 최초의 트레블을 달
성한다. 그리고 몇 년 뒤, 데이비드 베컴은 잉글랜드 국가대표팀의
주장으로서 팀을 2002 한일 월드컵 본선에 진출시키는 데 결정적
인 역할을 한다.

_____ 1998-99 시즌의 맨체스터 유나이티드는 자국
리그인 프리미어 리그와 자국의 가장 큰 컵대회인 FA컵, 대
륙 최고 권위의 클럽 대항전 UEFA챔피언스리그를 우승하
며 3관왕을 이뤄낸다.

베컴을 보호하는 감독과 동료의 모습은 이 다큐멘터리의 가장 인상
깊고 가슴 뜨거워지는 장면이다. 동시에 좋은 조직을 함축적으로
보여주는 장면이기도 하다. 좋은 조직의 조건이야 나열하자면 끝도
없을 테지만, 그중 내가 맨위에 두는 건 알렉스 퍼거슨이 보여준 리

더십, 바로 안정감이다.

안정감은 외압으로부터 보호받는 감각이다. 혼자 부유하고 있지 않음을 확인시키는 소속감이며, 해야 할 일에만 온전히 집중하게 하는 동력이다. 명확한 목표 아래 어떤 말이든 할 수 있고 무엇이든 시도할 수 있는 생태계이기도 하다. 무조건 싸고도는 것과는 전혀 다른 가치라 할 수 있다. 알렉스 퍼거슨은 그걸 끝내주게 해낸 보스였고, 맨체스터 유나이티드의 황금기를 수놓은 1등 공신이었다. 그런 면에서 〈베컴〉은 한 슈퍼스타의 극적인 이야기임과 동시에 그를 잉태한 환경의 서사이기도 하다.

〈베컴〉을 보며 조직의 안정감이 얼마나 중요한지 다시금 깨닫는다. 나 역시 일하면서 가장 힘들었던 순간의 순위를 매긴다면, 야근을 밥 먹듯 하던 시절이나 난이도 높은 업무와 씨름하던 때는 의외로 뒤편에 자리한다. 가장 힘겨웠던 순간은 혼자라는 느낌이 들 때였다. 친한 사람이 없거나 따돌림 당하는 게 아니라도 혼자 아등바등 용쓰는 듯한 기분은 힘들었다. 딱히 이 일을 알아주는 이도, 관심 가져주는 이도 없다는 느낌. 그렇기에 누군가에게 도움 받기도 애매한 상황. 업무적 고립이 반복되면 자연스레 내가 들이는 노력이 무용한 것 같고 동기부여가 증발되면서 방황이 시작된다.

안정감의 결여는 생각보다 우리가 자주 직면하는 문제다. 원인도 각양각색이다. 리더가 몇몇 구성원의 상황을 미처 살피지 못해서, 조직장과 팀원 간의 신뢰가 흔들려서, 구성원 개인이 조직의 결과 맞지 않아서 등등. 확실한 건 구성원이 조직으로부터 안정감을 느끼지 못하면 어떤 퍼포먼스도 기대하기 어렵단 사실이다. 특히 브랜드를 다루는 조직이라면 안정감의 중요성은 더 올라간다. 한 번의 성과보다 계속 쌓아가는 축적이 중요한 브랜딩은 지구력을 요하는 장기 레이스이기 때문이다.

안정감을 갖춘 조직은 이 같은 업무적 고립 상황과 정반대의 성격을 띤다. 어떤 일이든 조언을 구할 사람이 있고, 도움을 구하는데 어떤 마음의 품도 들지 않으며, 언제든 함께 고민해줄 거란 확신이 있다. 나의 성장을 기꺼이 도와주려는 동료, 좋은 의견이라면 누가 낸 아이디어든 자연스럽게 반영되는, 반대로 아쉬움 또한 그 누구든 표할 수 있는 유연한 환경. 마지막으로 신뢰가 바탕에 깔려 있고 저마다 지고 있는 크고 작은 책임을 온전히 마주하는 조직 문화. 보통 이런 조직의 구성원은 안정감을 느낀다.

매주 팬덤과 커뮤니케이션하던 배짱이 팀에게도 안정감은 중요했다. 일주일에 한 편씩 뉴스레터를 만들기 위해 우리 모두 지구력이 필요했다. 동시에 브랜드에 열정적으로 반응하는 팬덤과 의미 있게 소통하려면 우선 우리부터 단단히 결속해 그들의 이야기에 섬세히 귀 기울이고 기민하게 반응해야 했다. 다행인 건 배짱이 팀으로 보낸 기간이 내 전체 커리어 중 가장 안정감 속에 일한 시간이었단 점이다. 물론 그렇다 하여 안정감 증진 차원의 워크샵을 간다거나, 회식을 잡지는 않았다. (안정감을 위해 회식 잡으려는 팀장님이 계시다면

운 좋게 얻어걸린 안정감이었다. 그렇다고 아니 땐 굴뚝의 연기 또한 아니었다. 돌이켜보면 우리가 구축한 안정감의 원천은 대화, 정확히는 잡담이었다. 배짱이 팀은 정말 말이 많았다. 대화는 대부분 슬랙에서 이뤄졌다. 함께 보면 좋을 브랜딩 아티클부터 엊그제 읽은 책의 인상 깊은 문장, 지난주 〈나는 SOLO〉의 충격적 장면들, 새로 공개된 뉴진스의 뮤직비디오와 며칠 뒤 열리는 브랜드 팝업 소식까지. 일과 일 바깥의 경계를 넘나들며 온갖 이야기를 쏟아내는 것이 하나의 문화처럼 자리했다. 팀장이 온라인 여포 출신이라는 게 비결이면 비결이었달까.

_____ 많은 IT 기업과 스타트업이 사용하는 업무용 메신저이자 협업툴.
_____ 힘만 센 이미지의《삼국지》속 여포에 빗대어 사회생활에서는 소심하나 온라인상에서만 위풍당당한 사람을 가리키는 신조어.

잡담은 결코 쓸모없지 않다. 우선 잡담은 구성원의 이모저모를 알 수 있는 힌트가 되어준다. 서로에게 넘으면 안 될 선을 재단하고 각자의 성향을 파악하여 행여나 발생할 수 있는 불편함을 미리 방지할 수 있다. 가령 MBTI 이야기를 하다 한 구성원의 지독한 J(계획형)력을 알게 됐다면, 그분과 일할 때 일정 관리에 조금 더 신경을 쓰기 마련이다. 미팅콜을 보내더라도 어떤 아젠다로 무슨 이야기를 할 건지 상세히 메모하여 발송한다.

동시에 잡담은 마음의 긴장을 푸는 스트레칭이다. 마음이 풀려야 입이 풀리고, 입이 풀려서 생각이 더해지면 일은 더 나은 방향으로 굴러간다. 구성원 입장에서는 내 의견이 실제로 일에 반영되고, 심지어 더 발전되는 걸 목격하면 이후부터 의견 개진에 어떤 망설임도 없어진다. 이처럼 쓸데없어 보이는 잡담을 열심히 그리고 꾸준히 굴리다 보면 어느새 조직의 안정감이라는 큰 눈덩이로 돌아온다.

안정감에 기반한 팀 문화는 배짱이 팀의 메인 업무인 뉴스레터 제작에 큰 힘이 되어줬다. 텍스트 기반인 뉴스레터의 문제라면 글이라는 것이 너무도 주관적 취향의 영역이라는 점이다. 사람마다 '좋은 글'에 대한 정의가 제각각이기에, 처음 공유한 초안이 최종본으로 곧장 통과된 적은 단 한 번도 없었다. 그 과정에서 격의 없는 피드백이 언제나 큰 힘을 발휘했다. 팀장이 쓴 글이든 팀의 막내가 쓴 것이든 좋으면 칭찬하고, 아니다 싶은 건 곧장 수정 의견이 달렸다. 팀장인 내게도 가혹한 피드백이 돌아올 때 가끔 서럽기도 했지만 그때마다 참 다행이라 생각했다. '거칠게 다뤄줘 고마워' 같은 찐밥 마인드가 아니었다. (이렇게 강조하면 더 수상하기 마련이지만……) 그만큼 어떤 말을 해도 괜찮다는, 안정감에 기반한 피드백임을 알고 있어서다.

고백하면 나는 팀장에 적합한 성격이 아니다. 알렉스 퍼거슨 같은 카리스마는 물론이거니와 강단도 없고, 떳떳이 팀장을 할 정도의 대단한 실무력도 없다고 생각한다. 물론 그렇다 하여 연차가 쌓이는 걸 막을 순 없고 배짱이 팀 시절의 경우처럼 운 좋게 리더를 맡게 될 수도 있다. 그래서 걱정이다. 아마 나와 비슷한 연차라면 비슷한 고민이 있을 것이다. 나의 경우 어차피 다 잘하는 리더는 글러먹었으니 가장 중요하게 생각하는 것 하나만 파자는 주의다. 내게는 그것이 안정감이다. 함께 일하는 사람이 혼자 떨어져 있다는 기분은 안 들었으면 한다. 큰 도움이 안 되어도 자주 들여다보고 물어보고 함께 고민하는 그런 리더가 내게는 필요하고, 나 또한 그것이 내가 지닌 미약한 자질이자 재능 같아서. 그래서 오늘도 실없는 소리와 함께 머리를 모은다. 다정한 것이 살아남는다는 믿음으로.

"요즘 잠은 잘 자요?"라는 안부 인사에 늘 울컥한다.

가장 어두운 시간을 걱정하는 마음이자,

긴 밤을 잘 이겨냈으면 하는 응원처럼 들려서일까.

가끔씩 그렇게 물어봐 주는 이들 덕에

요즘은 술에도, 우울감에도 많이 기대지 않고 씩씩하게 잘 잔다.

주말이 끝났고 일주일이 지난다.

몇 시간 후면 돌아오지 않았으면 하는 것들이 돌아온다.

모두가 잘 자길 바란다.

#일요일
#이번주도 #고생하셨습니다

우연을 기원하는 제사장들

돌아보면 야구 선수가 되기까지 수많은 우연과 호의가 있었다. 우연히 내가 입학한 학교에 야구부가 없었다면, ㈜신수가 우리 학교, 같은 반으로 전학 오지 않았다면, 신수가 나에 대해 감독님께 말씀드리지 않았다면, 감독님이 야구부에 들어오도록 권하지 않으셨다면, 할머니가 쓸데없는 소리 말라고 단박에 내치고 삼촌과 고모들에게 이야기를 꺼내지 않았다면, 삼촌과 고모들이 조금씩이나마 힘을 보태주고 한번 해보라고 격려해주지 않았다면, 나는 야구 선수가 되지 못했을 것이다. 그렇게 여러 우연과 많은 사람의 호의, 도움과 희생이 겹치고 겹친 끝에 야구가 내게 손을 내밀었다.

이대호, 《이대호, 도전은 끝나지 않았다》 중에서

2023년 한 해, 내게 보배로운 영화였던 〈괴물〉의 주연 배우가 신인상을 수상했다. 중학생 나이의 그는 수상소감을 이렇게 말했다.

> "저는 지금 두 명의 자신과 싸우고 있습니다. 〈괴물〉에서 미나토 역을 연기할 수 있었던 건 운에 지나지 않는다고 생각하는 자신과, 내 힘으로 해낸 거라며 착각하고 마는 자신이요. 매번 이 감정의 싸움을 이겨내고 항상

다정한 사람이자 배우로 존재하고 싶습니다."

마케팅 일을 해오는 세월이 차곡차곡 쌓일수록, 어린 배우가 말한 첫 번째 자신이 두 번째 자신을 지그시 누르게 됨을 느낀다. 크고 작은 성취의 순간에 언제부턴가 안도와 감사함이 먼저 든다. 무언가 해내더라도 실력의 결과보다 우연의 총체라는 느낌이 앞선다.

그게 나는 가끔 부끄럽고, 또 가끔 불안하다. 밑천이 금방 들통 날 것 같아서. 몇몇 성과는 근심 속에 휘두른 주먹에 어쩌다 들어맞은 럭키 펀치라는 걸 알고 있어서. 우연에서 촉발된 불씨가 횃불로 번지는 걸 볼 때마다 그 걷잡을 수 없는 힘에 놀란다. 겸손은 응당 갖춰야 할 미덕이지만 실은 수천 수만의 우연으로 짜인 운명의 크기 앞에 자연스레 떠올릴 수밖에 없는 감정이란 생각도 든다.

큰 캠페인을 준비할 때의 마케터는, 그런 우연을 기원하는 제사장이 된다. 아이디어 회의만 1시간 한다고 하여 그만큼의 결과를 얻는 것이 아니기에 그저 우리 대화 속에 빛나는 아이디어가 깃들길 바랄 뿐이다. 실제로 아이디어가 구체화되는 과정도 그렇다. 누군가의 한마디에 과거의 경험을 떠올리고, 적당히 버무려진 생각이 적절한 대화 상황과 우연히 직면했을 때, 그제야 아이디어 하나가 세상 밖으로 툭 던져진다. 물론 열에 아홉은 그 형태를 유지 못하고 폐기되거나 전혀 다른 모습으로 재탄생하지만 말이다.

이 과정을 수없이 반복해가며 논리의 빈틈을 메우고 아이디어에 생기를 더한다. 프로젝트를 시작하는 킥오프 회의부터 회고 리포트를 쓰는 순간까지, 그사이 얼마나 많은 우연의 우연이 개입하는지 상상조차 어려운 이유다.

다만 우연만으로 일이 굴러가진 않는다. 온갖 우연들을 정돈하고 이어 붙여 결과물로 정제해내는 건 결국 사람이다. 정확히는 각자의 책임감과 약간의 호의로 제 몫을 다하는 이들이다. 그래서 훌륭한 캠페인은 주인이 없다. 마케팅의 결과물은 재능 넘치는 한 사람이 깎아낸 예술품보단 수많은 이들이 각자의 방식대로 이어 붙인 모자이크에 가깝다.

연차가 더해질수록 마케터의 무력함을 자주 떠올린다. 직업적으로 회의가 든다기보다 직군의 본질적 특성이 그러하다. 마케터야말로 혼자 할 수 있는 게 아무것도 없다. 조금 과하게 일반화하면 마케터는 상상하는 사람들이다. 그래서 그 상상을 현실로 옮겨다줄 기획자와 개발자와 디자이너의 손이 필요하다. 여기에 운영 인력과 CS 파트의 서포트까지. 가끔은 일 벌이는 게 두려울 정도로 많은 분들의 도움에 힘입어 하나의 캠페인을 겨우 완주한다.

몇 해 전 여름이 떠오른다. 수억 원의 예산을 태운 오프라인 캠페인이 끝나던 날, 예전이라면 성공에 취해 필요 이상의 의기양양함으로 무장했을 나다. 그런데 참 놀랍도록 차분하고 무던했던 기억이다. 업력이 쌓이며 나 또한 알아차린 것이다. 내가 잘나서 잘 끝난 게 아니라는 걸.

프로젝트의 성공적인 완주에는 숱한 우연과 여러 도움이 어려 있었다. 표류하던 외부 제안서를 우연히 발견한 나부터 그와 유사한 다른 행사를 인상 깊게 경험한 팀원들, 산신령처럼 홀연히 나타나 컨셉의 근간이 될 문장 하나를 던지고 다시 홀연히 사라진 실장님, 마케터보다 더 마케터스러운 아이디어의 디자이너들, 성심성의껏 운영을 도운 대행사까지. 그들 각자가 '성취'라는 단어의 한 획씩을 차지하고 있다.

"다들 오늘 시간 괜찮아요? 저녁 먹을까요?"

오프라인 행사 마지막 날, 뿌듯함을 끌어안고 소소히 자축하던 우리 사이에 누군가 뜻밖의 제안을 던졌다. 회식 문화가 거의 없는 회사이기에 조금은 생경한 상황이었다. 하지만 어느 누구도 그 제안을 이상하게 생각하지 않았다. 평소였다면 두뇌 풀가동 후 집 갈 핑계를 창작했을 나조차 너무도 아무렇지 않게 고개를 끄덕였다. 그날 저녁, 캠페인이 무탈히 끝난 걸 기념하는 마케터와 디자이너의 참 이례적인 식사 자리가 열렸다. 다정한 진심으로 서로에게 공을 나눴고 나도 최선을 다해 그 마음에 힘을 보탰다. 물론 3일치 사회성을 끌어 쓰느라 주말 내내 누워있긴 했지만.

얼마 전 노션으로 포트폴리오를 정리했다. 신입 시절부터 지금까지 담당했던 모든 업무를 하나하나 기록하고, 특히 대장으로 참여해 감회가 남다른 프로젝트는 더 디테일하게 정리해갔다. 남을 위한 문서지만 내게도 뭉클히 다가오는 좌충우돌의 역사였다. 다만 뿌듯함 뒤로 약간의 민망함이 밀려왔다. 황급히 '유의 사항'이란 제목의 문서 하나를 새로 파, 맨 위 가장 잘 보이는 곳에 올려두었다. 포트폴리오에 적은 어떤 내용보다 가장 투명한 진심을 담아서.

유의 사항

여기에 적힌 마케터로서의 제 모든 활동은 협업의 결과물입니다. 마케팅이 혼자서는 어떤 것도 할 수 없는 영역이기도 하고요. 이곳에 아카이빙해둔 저의 이력들이, 행여나 저 혼자 한 것으로 오해받을까 이와 같은 글을 남깁니다. 이 자리를 빌려 함께 고민하고 다정히 협업한 모든 동료 구성원들에 감사의 마음을 표합니다. 고맙습니다.

예전 같았으면 '와 이쁘다' 하고 끝났을 이 광경이 오늘따라 너무 다르게 느껴진다. 하늘에서 바라본 도시엔 수많은 사람들이 바쁘게 각자의 삶을 살고 있었고 그 모습을 보니 내 소중한 인연들이 얼마나 기적적인 확률로 이루어진 건지 체감됐다. 옥상 위에서 참 많은 생각을 했고 기나긴 글을 썼으며 누군가를 간절히 그리워했던 이국에서의 밤.

#night_sky

우연을 기원하는 제사장들

주인의식 타령 금지

리더가 해야 할 일은 용기를 주는 것이에요.

기시미 이치로, 《철학을 잊은 리더에게》 중에서

한때 구찌의 정책 하나가 화제를 모았다. '그림자 위원회(Shadow Committee)'로 불린 이 조직은 구찌의 30대 이하 직원들과 인플루언서로만 구성되었고, 브랜드의 방향성뿐 아니라 주요 의사결정까지 함께 논의한 것으로 알려져 유명세를 탔다. 실제로 구찌는 그림자 위원회 도입 후 놀라운 매출 상승과 더불어 브랜드 이미지의 극적 반전을 이룬다. 그간의 '올드하다'는 이미지가 무색하게, 10대와 20대 사이 "it's gucci"라는 유행어를 만들어낼 만큼 젊은층의 지지를 이끌어낸다. 브랜드를 다루는 사람으로서 정말 인상 깊은 사례다.

　동시에 드는 의문은, 유독 우리나라 많은 매체에서 그림자 위원회를 자주 언급한다는 것이다. 물론 아귀가 딱 맞기는 하다. 오래된 브랜드의 과감한 시도였단 점에서 그림자 위원회는 성공적인 리브랜딩의 상징처럼 보인다. 다만 밖으로 알려진 성과 대비 지나치게 고평가 받는다는 느낌도 지울 수 없다. 알다시피 브랜드가 이 정도 변곡점을 만들기까진 정말 많은 요소들이 개입된다. 개인적으로도 구찌의 리브랜딩을 바라볼 땐 그림자 위원회보다 크리에이티브 디렉터 <u>알레산드로 미켈레</u> 중심의 여러 혁신에 주목해야 한다는 입장이다.

　　　＿＿＿＿＿ 매출 부진에 허덕이던 브랜드를 기사회생시킨 구찌의 전 크리에이티브 디렉터. 2015년 발탁 당시 무명에 가까웠던 인지도를 오직 실력으로 극복해낸 입지전적인 인물이다. 빈티지, 낭만, 르네상스적 화려함이 어우러진 성별 구분 없는 디자인은 당대 패션의 흐름을 뒤바꿨다. 2022년 11월을 끝으로 구찌를 떠나 2024년 3월 발렌티노의 새로운 크리에이티브 디렉터로 복귀했다.

그림자 위원회의 역할을 부정하려는 건 아니다. 실제로 그들은 구찌의 모피 사용 중단에 기여했고, 임원 회의 주제를 공유받을 만큼 중용됐으며, 구찌의 SNS 정책에도 일부 영향을 줬다고 알려졌다. 다만 비유하자면 오래된 집을 멋지게 리모델링했는데 다른 곳은 볼 생각 안 한 채 오직 정원만을 찬양하고 있달까. 안방도, 거실도 아니고 말이다.

그럼 왜 수많은 곳에서 그림자 위원회만 콕 찝어 말하는 걸까? 이렇게 자주 언급된다는 건 잘 팔리는 소재라는 것이고, 잘 팔린다는 건 지금 숱한 브랜드가 쩔쩔매는 문제임을 의미한다. 그런 의미에서 그림자 위원회는 (또 등장하고야 마는 그 말) MZ를 바라보는 기성세대의 불안 혹은 조바심과 긴밀히 연결돼 있다. 어떻게든 MZ에게 주목받고 싶고 친MZ 브랜드라는 이미지를 얻고 싶은 간절함에서다. 안타까운 건 그 조급함에 매몰된 나머지 본질은 외면한 채 수박 겉핥기의 접근만이 이어지는 현실이다.

실제로 구찌의 성공 이후 여기저기서 K-그림자 위원회가 발족됐다. 기업, 지자체, 정당을 막론하고 'MZ 소통 위원회', '청년 자문단', '혁신 TF' 등 이름은 제각각이지만 같은 목적의 시도들이 있어왔다. 시도 자체가 문제는 아니다. 다만 묻고 싶은 건, 이와 같은 시도가 제대로 작동한 사례를 하나라도 알고 계신지? 애석하지만 나는 어떤 성공 스토리도 접하지 못했다.

정반대의 이야기는 도시괴담처럼 들려온다. 젊은 구성원과 소통하는 자리라 해서 갔더니 일단 임원이 20분 넘게 지각하는 걸로 시작하더라, 불만 사항을 말하래서 어렵사리 꺼냈더니 모든 건 마음가짐의 문제 아니냐며 정신 무장을 강조하더라, 이후 30분 동안 본인의 인생 역경에 대해 일장 연설을 하더라. 말만 들어도 상황이 그려지는 기시감의 선명함만큼 씁쓸함의 농도 또한 짙어진다.

구찌의 사례에서 봐야 할 본질은 위원회의 창설이 아니다. 권한의 분산이다. 정확히는 일에 오너십을 부여하는 것이다. 회사 내 어르신들이 강조하는 주인 의식은 진짜 일의 주인일 때 가질 수 있는 감각이다. 하지만 우리에게 익숙한 건 책임만 있지 권한은 없는 상황이다. 투명하고 활발한 소통이 가능할 리 없다. 까라면 까는 체계가 여전히 유효한 곳도 있겠지만 그와 같은 조직의 종말이 그리 멀지 않았음은 이미 모두가 직감하는 바다. 일을 맡겼다면 정당한 권한도 함께 주어져야 하고, 그래야 주도권이 생기며 주인의식 또한 깃든다.

고백하면 나 역시 오너십 유무에 따라 고민의 깊이가 달라진다. 적당히 매듭짓거나 쳐내는 일이 있는가 하면, 시키지도 않았는데 온갖 디테일을 더하는 일이 있다. 전자는 대개 해야 한다는 의무와 하지 않으면 안 된다는 잠재적 공포만 있을 뿐 '왜'가 제대로 정의되지 않은 경우가 다반사다. 일이 돌아가기만 하지 더 좋아지지도 나빠지지도 않는다. 더 발전시키려 총대 멜 마음도 없다. 대부분 그런 일은 관성에 기대어 유지되다 괴사한다.

모든 직군에 통용될 이야기는 아닐 것이다. 하지만 마케팅 조직만큼은 일의 오너십이 정말 중요하다. 마케터는 고객과 최접점에서 커뮤니케이션하는 사람들이고, 참 신기하게도 사용자는 진심의 함유량을 어떻게든 알아차린다. 겉보기에 드러나는 빼어남에서도 인지하지만 가끔은 제품 상세 페이지의 문장 하나만으로도 감지해낸다. 보통 그런 건 여기까지만 해도 괜찮다는 선을 괜찮아하지 않는 이들이 만들어낸다. 그와 같은 몰입의 큰 동력 중 하나는 지금 하는 일이 나의 것이라는 확신이다. 반대의 경우는 어떨까? 고민 없이 관성에 기대 세상 밖에 나온 마케팅은 열에 아홉 그저 광고로 인식될 뿐이다.

누군가에게는 현실감 없는 소리라는 걸 안다. 그럼에도 이리도 대차게 이야기하는 건, 권한을 나누는 조직은 분명 실존하며 내가 그 문화의 수혜자라서다. 커리어의 시작을 스타트업에서 한 것에 대해 지금도 다행이라 여긴다. 10년 전 배민은 하루가 다르게 성장하는 회사였다. 일은 종잡을 수 없이 많았으나 주니어들에게까지 일의 주도권이 부여됐다. 하나하나 옆에서 봐주기 어렵기에 알아서 헤쳐 나가는 상황이었달까. 급변하는 시장 상황은 날마다 새로운 문제를 제시했고 자연스레 그 일을 가장 잘할 수 있는 사람에게 권한이 부여됐다. 커리어 초반 3~4년이 직업인의 기초 근육을 기르는 시간이라면, 운 좋게도 나는 일의 주도권을 꽉 쥔 채 헤매면 헤매는 대로 확실한 오답노트를 쌓아갈 수 있었다.

2018년에 맡았던 등급 제도 개편도 그중 하나다. 주문 횟수에 따라 '화이트'부터 '레드', '퍼플', '블랙'으로 분류해 운영하던 등급 제도를 새롭게 리뉴얼하는 프로젝트였다. 당시에도 배달의민족은 매달 수백만의 트래픽이 발생하는 서비스였다. 그런 거대 서비스의

사람을 알 때

회원 체계 정비를 고작 5년 차 마케터가 맡았다는 게 지금 생각하면 아찔하다. 그러나 팀장님의 논리는 명료했다. 내가 CRM(고객 관계 관리)에 관심을 두며 예전부터 이런저런 시도를 해온 데다 배달의민족 등급 제도라면 단순 수치적인 판단이 아닌 특유의 위트와 재미를 얹어야 한다는 것이었다. 몇 달 뒤 새로운 등급 제도가 세상에 나왔고, 2024년 4월 지금도 배달의민족 회원 시스템으로 자리해 있다. (참고로 저는 3년째 천생연분 등급입니다)

_____ '고마운분', '귀한분', '더귀한분', '천생연분'으로 구성된 새로운 등급 체계이며, 데이터를 바탕으로 등급별 달성 기준 역시 재정비됐다.

돌이켜보면 어떻게 했나 싶은 일이 있다. 등급 제도 개편은 그중 가장 먼저 떠오르는 미스터리이자 내 커리어의 가장 특이한 이력이다. 엄청난 기회라고 볼 수 있는 상황임에도 야망의 그릇이 간장 종지였던 나는 그 일이 주어지자 얼굴을 감싼 채 하소연했다. 그만큼 많은 도움을 받았다. VIP에 대해 정의하고 가설을 세우면 숫자에 빠삭한 동료들이 친절히 검토해줬다. 데이터를 뽑고 시뮬레이션을 돌리며 숱한 가설들을 고쳐나갔다. 동시에 등급 이름은 뭐가 좋을지, 등급의 비주얼은 어떤 컨셉으로 가져갈지도 함께 고민했다. 그 제도는 결국 기획자와 개발자, 디자이너와 동료 마케터들의 크고 작은 도움이 한데 뭉친 결과물이다.

주인의식 타령 금지

하지만 일의 결정권이 프로젝트 대장인 내게 있었다는 사실 역시 분명하다. 맞고 틀림이 명확한 사항이 아니라면 최종 결정은 언제나 내 몫이었다. 팀장님이 단단히 보호해준 영역이다. 비록 매일 불안 속에 울며 일했지만 진정한 의미의 내 일이었기에 적당히 하지 않았고 그럴 수도 없었다. 가장 고민한 사람이 나라고 존중 받았다. 그게 아니었다면, 결국 이리저리 휘둘리기만 하다 완주하지 못했을 거다.

이후 또 한 번의 5년이 지났다. 그사이 신뢰를 받을 뿐 아니라 주기도 해야 하는 연차가 됐다. 이전 경험 덕에 일의 오너십에 대한 철학은 더 확고해졌다. 〈주간 배짱이〉는 그 철학이 여실히 반영된 결과라고 생각한다. 배짱이 팀의 모든 마케터에게는 각자의 전담 코너가 존재했다. 코너의 방향과 운영 방식 역시 담당자들에게 권한이 있었다. 기획 과정도 마찬가지다. 가령 배짱이 팀 막내 먼나라 이웃치킨 님에게 새로운 코너 기획을 맡길 때도 요구한 조건은 딱 하나였다. 우리 팀에서 치킨 님이 제일 잘 아는, 오직 치킨 님만 쓸 수 있는 콘텐츠일 것.

그렇게 탄생한 코너가 '새싹 배짱이 클럽'이다. 마케터로 첫발을 내딛은 신입 사원의 좌충우돌 적응기를 콘텐츠로 풀어보는 시도였다. 치킨 님이 처음 기획안을 가져왔을 때 조금의 고민 없이 바로 컨펌했던 기억이다. 이유는 간단했다. 그가 가장 잘 쓸 수 있는 기획이었다. 사회생활을 막 시작한 사람의 시아에서만 보이는 것들이 있다. 그런 이야기를 치킨 에디터 특유의 ENFP스러운 문체로 푼다면 통한다는 판단이었다. 이제 내가 할 일은 이 프로젝트가 잘 굴러가도록 힘을 실어주는 일, 신뢰와 오너십을 주는 것뿐이었다.

새싹 배짱이 클럽은 빠르게 뿌리내렸다. 〈주간 배짱이〉 구독자 중 상당수가 마케터를 꿈꾸는 대학생이거나 이제 막 사회에 발 디딘 주니어일 거란 우리의 가설이 맞아떨어졌다. 치킨 님의 기획은 조용히 숨어 있던 새싹 배짱이를 수면 위로 끄집어냈다. 그들의 열렬한 지지 덕에 새싹 배짱이 클럽은 시즌 2까지 이어졌고, 직접 만나 일 고민을 나누는 오프라인 행사까지 열렸다. 그리고 이건 〈주간 배짱이〉가 3년 내내 쉼 없이 나아갈 수 있었던 원동력이기도 했다. 고민은 함께, 하지만 최종 결정은 담당자가 하도록 하는 시스템은 우리 모두에게 일의 주도권을 일깨웠다. 한번 갖게 된 일의 주인의식은 다른 업무를 할 때도 그대로 적용된다. 일을 대하는 깊이에도 변화가 생기기 마련이다.

대개의 브랜드가 젊은 세대와 더 밀접해지려는 욕망을 가진다. 그렇다면 권한의 나눔은 선심 쓰는 게 아니라 당연히 해야 하는 의무다. 대학생 마음을 가장 잘 이해하는 건 졸업한 지 10년 넘은 내가 아닌, 얼마 전까지 캠퍼스를 거닐던 막내 팀원이다. 더불어 리더라 하여 모든 걸 더 잘 알아야 하는 게 아니고, 현실적으로 그럴 수도 없다. 오히려 좋은 리더는 아는 것과 모르는 것을 명확히 구분하고 더 잘 아는 이에게 힘을 실어주는 사람이다. 신뢰를 바탕으로

주인의식 타령 금지

설득하고 반대로 설득당할 마음 또한 늘 마음 한 켠에 두는 사람이다. 그런 리더가 존재하는 마케팅 조직이라면, 일하며 에어팟을 끼고 있든 말든 알아서 잘만 돌아간다.

#나를따르라

주인의식 타령 금지

상식으로 이해할 수 없는 누군가

분노와 절망은 거꾸로 잡은 칼이다.
그것은 나를 상처낼 뿐이다.

김진영,《아침의 피아노》중에서

'일잘러 악마 상사 VS 무능력한 천사 상사'. 직장인들에게 돌림노래
처럼 전해 내려오는 밸런스 게임이다. 매번 치열한 논쟁을 낳지만
결과는 한쪽으로 쏠리는 듯하다. 적어도 내 경험상으로는 과반 이
상이 찝찝한 표정으로 악마의 손을 들어준다. 기묘한 일이 아닐 수
없다. 퇴사 사유 대부분이 '사람'이라는 걸 생각하면 더욱 그러하다.

회사는 사람 한 명 한 명의 집합체다. 덕분에 개인 혼자선 상상
할 수 없을 일을 뚝딱뚝딱 해내지만, 동시에 상상할 수 없던 경험 또

한 안긴다. 그것이 비단 뉴스에 나오는 폭언과 갑질만을 의미하진 않는다. 소소하게는 매일 똑같은 점심 메뉴를 먹는 동료의 취향부터, 일의 우선순위를 정하는 타인의 의아한 기준, 같은 말을 전혀 다른 온도로 받아들이는 오해의 상황까지. 나름 상식의 범주에 있다 생각한 각자의 가치관은 금 가고 무너지기 일쑤다.

인간이란 이름의 불가사의는 사회생활에서 상수에 가깝다. 열 명이 모인 곳에는 필연 열 개의 상식이 존재한다. 내 눈에 아무리 이상해 보여도, 그 사람은 본인의 상식대로 말하고 행동하고 결정하고 있다. 그 사실을 떠올릴 때마다 이상하게 마음이 편해진다. 모든 철학이 그에게로 흘러가 그에게서 시작되었다는 '철학의 호수' 칸트 선생님은 우리가 저마다 다른 세상을 본다고 했다. 사과가 빨갛다고 한다면 그건 실재가 아니라 내 머릿속 인식 시스템으로 내가 구성한 세계라고 말이다. 세상에 있어서는 안 될 것 같은 일, 존재하면 안 될 것만 같은 누군가 역시 나름의 논리와 당위성 속에 탄생할 수 있다.

우리는 상식으로 이해 가지 않는 누군가를 빌런으로 정의한다. 이는 내 편과 반대편을 구분하는 지극히 인간적인 본능이자 이해 불가의 대상을 이해하는 가장 편리한 방식이다. 다만 그 단순함만큼 우리에게 주어진 선택지 또한 제한적이다. 빌런을 상대하는 법은 두 가지뿐이다. 당하거나 도망가거나. 쓰러뜨리는 방법도 있긴 하지만 지금 이 글을 읽고 계신 분이 회사 대표님이거나 그분의 친인척, 자녀가 아닌 이상 취할 수 없는 방법이다. (혹시 그런 분이 맞다면 공주님, 혹은 도련님으로 불러도 될까요?)

어떤 일이든 본질은 문제 해결에 있다. 나는 사회생활도 다르지 않다고 생각한다. 척하면 척인 사람과만 일할 수 없고, 말 섞는 것조차 내키지 않는 사람을 마냥 피해 다닐 수도 없다. 마치 모든 마케팅 캠페인에 예산과 시간의 제약이 있는 것과 비슷하다. 예산 혹은 시간이 부족하다는 이유로 아무것도 안 하거나 제대로 못 하면 불명예를 뒤집어쓰는 건 결국 나 자신이다. 부족함 속에서 최선의 결과를 만들기 위해 고심하는 것처럼 사회생활도 마찬가지다.

사람이 모두 저마다의 합리성에 기대 말하고 행동한다면, 문제 해결을 위해 우리가 해야 할 건 그 메커니즘의 이해다. 나와 다른 사람일수록 이해 안 된다고 밀어내는 대신 더 면밀히 관찰하고 들여다본다. 저 양반의 심리는 뭘지 탐구한다. 빌런으로 치부해버렸을 누군가의 사고 체계를 이해하는 순간, 문제 해결의 방법이 보인다. 그 설계도 위에서 해야 할 것과 하지 말아야 할 것을 구분하고 최선의 솔루션을 찾는다. 그 과정이 번거롭긴 하나 이해를 기반으로 행동하면 감정의 무게를 줄일 수 있다. 자연스레 상처 또한 거의 받지 않게 된다. 발작 버튼의 지뢰를 피해 함께 일할 뿐이다.

각자가 각자의 소임을 다한다는 전제 위에서는 생각만큼 큰일이 벌어지지 않는다. 모두가 상식의 선 위에서 움직인다는 믿음이 있다면, 회사 차원에서 그리 일할 수 있는 최소한의 시스템이 갖춰져 있다면, 생각의 전환만으로 예전만큼 감정 상하는 일은 확연히 줄어든다. 그러지 않길 바라지만 혹시나 누군가 그 선을 반복적으로 넘고 있다면 회사 내 마련된 제도를 이용하자. 그러라고 있는 제도다. 그리고 그런 인간은 빌런이 맞다.

훌륭한 사람, 착한 사람, 일 잘하는 사람이 좋은 회사의 구성 요소라 생각했다. 지금은 아니다. 서로 살갑고 원만하게 일한다면 더할 나위 없겠지만 기준을 거기에 맞추진 않는다. 각자의 상식을 존중하고 이해하려는 노력 속에 돈 받고 일하는 프로로서 자기 역할만 다한다면 충분하다. 기대가 낮아진 걸까? 현실을 더 또렷이 보는 걸까? 둘 중 무엇이든 사람이 모이는 곳에서 필연 벌어질 상수 앞에 내가 나를 지키기 위함이라는 건 확실하다.

뭔가 잘못 흘러가고 있음이 감지될 땐 기민하게 그 수렁에서 빠져나와야 한다. 더군다나 백번 생각해도 스스로 떳떳한 상태라면 그때 느끼는 싸함에는 다 그럴 만한 이유가 있다. 그러니 낙담할 필요 없이, 가급적 유머를 잃지 않고 담담하게.

　우리 모두는 어리석다. 그렇다고 대충 살아온 이 또한 없다. 각자는 나름의 최선에 따라 고유한 이야기를 쌓으며 지금까지 왔다. 흔들림이 잦을 땐 자기 자신에게 조금은 더 신뢰를 가져도 괜찮지 싶다. 영화 〈메기〉에서도 말하지 않았나. 우리가 구덩이에 빠졌을 때 해야 할 일은 더 구덩이를 파는 것이 아니라 그곳에서 얼른 빠져나오는 것이라고.

#빠이팅

사람을 알 때

넷플릭스 오리지널 시리즈 〈애나 만들기〉는 뉴욕 사교계에 혜성처럼 등장했던 (사기꾼) 애나 델피의 실화를 바탕으로 한다. 요약하면 백만장자의 상속녀라 주장하는 그녀에게 상류층 똑똑이들이 호구 잡히는 이야기다.

보다 보면 의아하다. '대체 왜 속지?' 똑똑한 사람들이 저 근거 없는 허세에 왜 넘어갔을까. 답은 조금 뻔하지만 상류층의 욕망 때문이다. 애나에게 기생해 콩고물이라도 얻어먹으려다 된통 당한 것이다.

사실 그런 피해자들보다도 눈에 들어오는 건 피해자의 주변인이다. 그들은 입을 모아 말한다. 너 지금 속고 있다고. 오직 그들만이 상황을 객관적으로 바라보고 조언한다. 제3자라 가능한 이야기일 수도 있다. 그런데 자꾸만 머리에 맴돈다. 관계를 '객관적'으로 바라보는 눈에 대해.

사실 뜨끔했다. 내가 그 사람을 잘 알고 있다는 오만으로, 혹은 애써 부정하는 어떤 욕망 때문에, 관계를 왜곡해 바라보는 경우가 비일비재하다. 돌이켜보면 실패한 관계 대부분은 그런 객관성을 상실했을 때 벌어졌다.

관계를 객관적으로 본다 하면 누군가는 정 없다 하겠지만 가끔은 정을 떼고 볼 필요도 있다. 이해와 동정이 필요하다면 나에게 향해야 한다. 나를 지켜야 남도 위할 수 있다고, 지금의 나는 그렇게 믿는다.

이렇게 〈애나 만들기〉는 조금 뜻밖의 감상을 남겼다. 드라마는 살짝 화딱지 나긴 하나 아침 드라마로 단련되신 분이라면 그럭저럭 볼 만한 드라마다.

#넷플릭스추천

상식으로 이해할 수 없는 누군가

새해 목표 10가지 중 인간관계에 관한 것

① 부정적인 기운과 염세적인 태도의 사람을 멀리할 것
② 진취적으로 사고하고 노력하는 사람을 가까이할 것
③ 다만 그들을 함부로 믿진 말 것
④ 말이 아닌 삶으로 보여주는 사람을 가까이할 것

#신년
#잘부탁드립니다

사람을 알 때

잘해줘야 할 사람

다음에 잘해주겠다는 말도,
그 말을 하는 사람도 믿지 마세요.
내가 중요한 사람이면 지금 잘해줍니다.

김의성, 《돈과 나와 일》 중에서

시절인연이란 말을 좋아한다. 어느 시절, 소소한 우연의 계기로 얽혀 시간과 감정을 나누다 다시 어떤 시절을 만나 희미해지는 관계. 조금 서글프게도 들리지만 반대로 생각하면 살아가며 숱하게 마주할 순리다. 물론 어떤 시절에 이르면 다시 만날 수도 있다는 희망도 포함한다. 그래서 슬프지만 슬플 것 없다. 만약 관계의 기쁨을 발견했다면 언제든 증발할 수 있는 위태로운 경사이니 지금 온전히 누림이 마땅하다.

사회생활에서의 인간관계 또한 결국 시절인연의 일부일 것이다. 만나고 헤어지고, 가까워졌다 멀어지는 것이 내가 들이는 노력과 별개로 흘러감을 느낀다. 그 흐름을 관망한다. 어찌 보면 인간관계에 대한 지극히 소극적인 자세이고 또 어찌 보면 불가항력의 운명을 초연히 받아들이는 설익은 어른의 마음이다.

　내 힘으로 통제할 수 없는 영역이라면, 흔들릴 때마다 기댈 구석을 마련해두는 편이 좋다. 특히 인간관계에 서툰 사람은 복잡하게 고민하기보다 더 단순히 생각하는 것이 바람직하다. 그렇게 내게도 단순하면서 올곧은, 인간관계의 번뇌가 깃들 때마다 기대는 마음이 있다. 모두에게 친절하자. 하지만 잘해줘야 할 사람을 정확히 셈하고 바로 지금 잘해주자.

　친절의 중요성은 모두가 아는 사실이다. 사회생활에서 가장 가성비 좋은 태도라고 생각한다. 내 감정에 함몰되지 않고 정말 최소한의 예의만 차려도, 만약 그마저 어렵다면 이모지 몇 개 붙이는 것만으로도 갖출 수 있다. 물론 친절하다고 하여 갑자기 우수사원에 추천되는 일은 벌어지지 않는다. 반대로 불친절한 태도 그 자체만으로 문제가 되어 상벌 위원회에 회부되지도 않는다. 다만 사회생활에서 필연적으로 발생하는 이해 상충과 이견 상황에 불친절이 끼얹어질 때 문제는 시작된다. 지겹게 겪는 불필요한 기싸움의 시작이다. 친절함의 결여는 늘 그런 식으로 우리에게 해악을 끼친다. 친절함 하나만으로도 그런 상황의 절반 이상은 방지할 수 있다.

다만 친절은 어느 순간부터 기계적인 면을 띤다. 다수를 상대로 대량 유통할 수밖에 없는 직장 생활의 친절은 시간이 갈수록 정해진 매뉴얼을 지키는 공산품으로 변모한다. 대량 생산은 규모의 경제에 따라 더 직관적이고 효율적인 방향으로 흐르기 마련이다. 더군다나 친절은 불화를 막는 방어책이지, 관계를 발전시키는 개선책이 되긴 어렵다.

그러나 일하다 보면 마음과 정성을 들여야 할 관계도 있기 마련이다. 그때부터 우리가 꺼내야할 건 다정이다. 정리하면 나는 가급적 모두에게 친절하되 누군가에게는 다정의 노력을 쏟는다. 사회생활에서의 친절은 일이 굴러가도록 하는 최소한의 환경을 다지는 것이고, 다정은 함께 일하고 싶은 사람과의 섬세한 관계 구축이다.

다정은 그 대상을 정의하는 것부터 시작된다. 앞선 표현을 빌려오면, 잘해줘야 할 사람의 정확한 셈이다. 우리는 누구에게 다정해야 할까. 사람마다 제각각의 답이 있을 것이다. 죽이 되든 밥이 되든 매일 등 맞대고 일하는 사이가 1순위라 하는 사람이 있을 것이고, 승진욕이 큰 사람이라면 직속 상사나 조직장에게 다정을 올인할지도 모르겠다. 나의 경우는 일을 쳐내는 게 아닌 늘 심도 있게 고민하는 사람에게 호감을 느끼고, 책임을 전가하는 게 아닌 당당히 그 짐을 짊어지는 이들을 다정의 리스트에 올린다. 하나 더하면, 말을 뱉지 않고 고르는 사람이면 좋겠다. 교집합은 명확하다. 함께 오래 일하고 싶은 이들이란 점이다.

다만 여기서의 다정은 친구 만드는 것과는 전혀 다른 의미임을 먼저 밝힌다. 이유는 간단하다. 회사는 친구 만들러 오는 곳이 아니므로. 친절이든 다정이든 중심에는 반드시 일이 있어야 한다. 따라서 회사에서의 다정은 함께 커피 마시고 수다 떠는 것보단, 상대방이 업무를 더 원활히 해나가게 돕고 궁극적으로는 그의 성취를 도우며 성장의 중요한 발판이 되어주는 데 가깝다. 그건 일로서 작동하는 사랑의 감정과 같아서, 내가 들인 만큼 돌려받을 마음 따윈 없다. 도움이 된다면 그 자체로 행복하다.

하지만 다정을 행할 때 가장 중요한 건 친절과 다정의 섬세한 구분도, 대상의 명확한 정의도 아닌, 타이밍이다. 도울 여건이라면 바로 지금 도와야 한다. 그 사람에게 내 역량이 필요한 상황 같다면 주저 없이 말을 건네야 한다. 그러지 않으면 내 다정은 결코 전달되지 않는다. 뒤에서 음흉히 따스한 눈길만 보내는 걸로는 어떤 실리적인 도움도, 관계의 변화도 이룰 수 없다.

직장뿐 아니라 사회생활 전체로 넓혀 보면 딱히 잘해줄 마음이나 관심도 없으면서 피상적인 친절로 내일의 다정을 약속하는 이들이 있다. 우리는 거기에 속지 않아야 한다. 다정함의 표현을 미루면 안 되는 건, 그런 못된 마음과 본질은 다를지언정 표면적으론 같은 형태로 보이기 때문이다. 듣기에만 좋은 무심한 거짓에 반항하는 마음으로, 각자 품고 있는 다정만큼은 즉시 실행하길 바란다. 진심이 오해받는 것만큼 속상한 게 없는 법이니.

다정을 즉시 행해야 하는 또 다른 이유는 관계의 가변성 때문이다. 어떤 충만한 관계도 그 무대가 직장이라면 언제 어떻게 바뀔지 모르는 게 현실이다. 갑자기 조직개편이 될 수도, 한 사람이 이직을 해버릴 수도, 그런 일은 없길 바라지만 오해가 얽혀 일순간에 금이 갈 수도 있다. 그래서 다정의 시제는 늘 현재가 되어야 한다. 가능하다면 현재진행형이 되어야 한다. 자의와 타의로 뒤엉킨 숱한 관계 변화를 경험하고서야 겨우 마음에 새긴 교훈이다.

참 감사하게도, 함께 일하는 동료가 회사를 다니는 가장 큰 이유인 시절이 일정 주기로 찾아온다. 예전에는 그것을 당연하게 여겨 흘려 보냈다면 이제는 어떤 것도 당연하지 않단 걸 안다. 그래서 최선을 다해 내 쓰임을 다해본다. 만약 지난한 직장 생활의 버팀목이 일의 고민을 맞잡고 가끔은 함께 엽떡 먹으며 깔깔거리는 동료의 존재라면 친절의 껍질을 깨고 다정의 마음으로 그들과 마주하길 빈다. 너 T냐는 핀잔을 무릅쓰더라도 그들 또한 시절인연이라서다. 어떻게 나아갈지 모를 이 열린 결말의 드라마에서 내가 할 수 있는 건 그저 한 회 한 회 최선을 다하는 것, 아낌없이 마음 쓰고 좋은 쓸모의 사람으로 자리하는 것이다. 그럼 내 마음속 다정함의 주인들이여, 내일 또 봅시다.

날이 뭐 이리 좋으며 꽃은 왜 이토록 화사한지. 빼곡한 투두 리스트에 한숨짓다 잠시 커피 사러 나오는 길에 예상 못한 뭉클함에 젖는다. 갑자기 찾아온 따스함처럼 갑자기 지나가 버릴 걸 알아서일까. 앞으로 뭐 할지에 온통 쏠려 있던 시선을 잠시나마 오늘로 끄집어온다. 눈앞에 흐드러진 꽃을 보고, 시간 없다며 미뤄둔 책을 억지로 꺼내 읽고, 막연히 다음을 기약하던 이들에게 직접 다가간다.

　　오늘을 산다는 건 사실 용기가 필요한 일이다. 후회와 그리움의 과거에 얽매이지 않고, 불확실하고 불투명한 미래에 담대함을 가질 줄 아는 사람만이 오늘의 나에 집중한다. 사랑의 동력이 용기인 것도 같은 맥락이겠다. 사랑이야말로 인간이 바로 오늘 지금 이 순간에만 머무는 비정상의 상태니까.

　　영원한 것이 없기에 오늘은 더 빛난다. 절대 변하지 않을 거라 생각한 것들이 속절없이 무너지고 변질되는 걸 목격하며 그 가치에 더 무게를 두게 된다. 비록 오늘이 최고의 날은 아닐지언정, 과거와 미래 어느 곳에도 없을 유일한 날인 걸 인지하면 슬프면서도 용기가 난다.

#오늘

행복도 재능의 일부다. 무엇 하나 모자랄 것 없음에도 절망하는 사람이 있고, 빛한 줄기 안 보이는 상황에서 행복의 부스러기를 긁어모으는 이가 있다. 인간의 다른 능력과 재주들이 그러하듯 이 또한 타고남의 영역이다.

지금 내가 가장 부러워하는 재능이다. 종종 주변에서 발견되는 행복의 천재들을 유심히 관찰하고 한마디라도 말을 섞어본다. 그들로부터 감지한 교집합은 하나같이 시선이 오늘 혹은 지금으로 가 있다는 점.

나를 불행으로 이끄는 대부분의 것들, 이를테면 강박, 걱정, 불안은 모두 내일을 향해 짓는 울상이다. 물론 나를 더 멀리 나아가게 해준 감도 없지 않지만, 더는 그것을 삶의 동력으로 삼고 싶지 않다.

오마에 겐이치는 말했다. 인간을 바꾸는 방법은 세 가지뿐이라고. 시간을 달리 쓰는 것, 사는 곳을 바꾸는 것, 새로운 사람을 사귀는 것. 직장인의 시간은 유한하고, 전세 계약에 붙들린 성수동 지박령이니, 남은 건 마지막 방법뿐이다.

좋은 사람을 더 많이 곁에 두고 싶다. 매사에 긍정적이고 유머를 잃지 않는 이들, 그런 타고난 행복러들로 가득 채우고 싶다. 조금 게으른 생각이나 그러면 나도 조금은 나은 사람이 되지 싶어서.

#행복

이별에 떳떳해지는 법

"일에도 사계절이 있대요." 일 때문에 힘들어하는 나에게
동료가 해준 한마디. 봄, 여름, 가을 그리고 겨울.
시간에도 계절이 있고 우리에게도 계절이 있다.
분명 봄이 올 거니까 낙담하지 말자.

이승희, 《별게 다 영감》 중에서

2023년 4월 27일, 〈주간 배짱이〉의 휴재 소식이 전해졌다. 3년 하고
도 26일 동안 이어진 여정의 마침표였다. 쉼표이길 바랐지만 이 글
을 쓰는 2023년 연말에도 〈주간 배짱이〉의 다음 문장은 여전히 쓰
이지 않는 중이다.

1121일 동안 이어지던 업무 루틴도 멈춰 섰다. 나의 일주일은
목요일 아침 레터 발송에 맞춰져 있었다. 월요일마다 원고 초안을
확인하고 피드백 과정을 거쳐 수요일에 완성본을 컨펌받아 발송 세

팅 후 퇴근하는, 목요일과 금요일은 독자 반응을 살피며 다음 주 콘텐츠를 체크하는, 그런 일주일이 158주 동안 계속돼 왔다. 휴재 이후 맞은 첫 월요일을 기억한다. 한참을 모니터만 응시했다. 깜빡이는 마우스 커서에 맞춰 마음의 일부가 조금씩 무너져 내림을 느꼈다. 휴재 소식을 전할 때만 해도 담담하던 마음은 사실 초연이 아닌 슬픔의 순연이었다. 배짱이 팀도 이별을 맞았다. 회사의 조정된 방향성에 맞춰 조직개편이 이뤄졌고 이후 각자의 팀에서 새로운 일에 매진했다.

결론부터 말하면, 회사에서 흔하디 흔하게 벌어지는 일이다. 그래서 납득할 수 있고 누군가를 원망하는 마음도 갖지 않는다. 그러나 원래 내 옷인 끈덕진 목소리로 돌아오면 그건 긴 여운의 아쉬움이자 또 한 번 맞는 실패의 역사였다. 팀장인 내가 조금 더 잘했다면 하는 자책이 들었고, 적확한 시기를 기다리며 실행을 미룬 아이디어들과 드디어 때를 맞아 감격의 첫 삽을 뜬 일이 연달아 떠올랐다.

모든 시절에는 끝이 있다. 한 직장에서의 시간, 팀의 탄생과 해체, 더 좁게 보면 일의 킥오프 미팅부터 랩업(Wrap-up) 미팅까지의 여정일 수도 있다. 예상 못한 커리어 이상기후로 한 직장에서의 계절이 10년간 이어졌지만 팀과 프로젝트의 작은 계절들은 무수히 떠나보내 왔다. 대부분은 정해진 이별을 맞았지만 이따금 이렇게 예상 못한 작별과 마주하기도 한다. 이제는 익숙해질 법도 한데 여전히 당혹스러움을 감추지 못한다. 더 잘할 수 있었다는 후회는 물론이거니와 동료들과 성공 또는 실패의 최종 결과지조차 받아보지 못했다는 허무함이 밀려온다.

허무함은 여러 질감의 무용함을 느끼게 한다. 그간 들인 노력은 무상하게 다가오고, 어찌할 수 없는 상황의 연속은 결국 나도 부품에 불과한 것 아닐까 하는 현실 인식과 무력감으로 전이된다. 열심히 한 것 같은데 아무것도 손에 쥐지 못한 채 다시 어디론가 떠밀려 가는 일이 과연 이번 한 번으로 그칠지, 의심의 끈 또한 놓지 못한다. 나 역시 뜻밖의 작별마다 그런 침전의 감정 뒤로 숨기 바빴다. 다행히 〈주간 배짱이〉란 계절의 끝은 조금 달랐지만 말이다.

배짱이 팀 해체를 포함해 대대적인 조직개편이 발표되던 시간, 정작 나는 그 자리에 없었다. 한참 전에 잡힌 강연 스케줄 때문이었다. 슬프게도 강연 주제는 주간 배짱이. 한 프로젝트의 막이 내리던 날, 같은 시간 다른 공간의 나는 이 프로젝트가 남긴 인사이트에 대해 말해야 했다. 대체 무슨 운명의 장난인지. 무대에 오르기 전, 화면 속 이름 앞에는 '배짱이 팀 팀장'이란 수식어가 붙어 있었다. 몇 분 뒤 사라질 직함이었다. 착잡함을 얄궂은 미소로 가라앉히며 한 발 한 발 단상에 올랐다. 지금도 기억한다. 너무도 무거운 발걸음이었다.

다행히 강연은 큰 사고 없이 진행됐다. 〈주간 배짱이〉를 처음 기획할 때부터 런칭 후 겪은 온갖 시행착오, 몇몇 성취의 경험까지 모든 이야기를 전했고, 들어주셔서 감사하단 상투적인 마무리만이 남았다. 그때 문득 그런 생각을 했다. 지금 리모콘을 딸깍 눌러 다음 슬라이드로 넘어가는 순간이면, 이제 〈주간 배짱이〉를 공식적으로 이야기할 일이 없겠다는 직감이었다. 잠깐의 망설임 끝에 리모콘에서 손을 뗐다. 그리고 다시 마이크를 입에 가져갔다.

> "이렇게 3년 동안 가꿔온 주간 배짱이가 오늘부로 휴재에 들어갑니다. 지금 저희에게 더 집중해야 할 일이 생겨서요. 잠깐의 방학이길 바라봅니다. 하지만 설령 그러지 못하더라도 저는 그동안 배달의민족이 팬덤과 소통하고 팬들과 함께 만들어간 이야기가 전례 없는 여정이었다고 생각합니다. 앞서 말씀드렸듯 저희의 케이스를 롤모델로 삼으시면 안 됩니다. 대신 하나의 레퍼런스로 봐주시길 바랍니다. 저희의 성공, 그리고 실패를 참고 삼아 더 나은 답에 닿으시길 빌겠습니다."

에둘러 고백한 실패였다. 사실 꼭 해야 할 말은 아니었다. 대부분의 강연에 성공 사례와 귀감을 보여주길 기대한다는 걸 생각하면 더 그러하다. 그러나 설령 스스로 흠집 내는 말일지라도 그래야만 〈주간 배짱이〉 그리고 배짱이 팀이라는 한 계절과 떳떳하게 이별할 수 있었다. 어쩌면 마지막일지 모를 기회. 빛나는 성취만을 선보이며 '우리 잘했죠?'라 끝내기에는, 그걸 〈주간 배짱이〉의 공식적인 마지막 코멘트로 남기기에는 미래의 내가 분명 후회할 것 같았다. 함께 이룬 밝은 성취뿐 아니라 그러지 못한 아쉬움의 어둠 또한 응시하고 초연히 받아들이기로 했다.

재밌는 일이 벌어진 건 이후였다. 강연에 참석하신 분 중 몇몇이 따로 연락을 해오셨다. 같은 이야기를 혹시 본인 회사에서 한 번 더 해줄 수 있냐는 제안이었다. 그뿐만이 아니었다. 이상하게도 그날 이후 〈주간 배짱이〉를 주제로 강연 요청이 심심치 않게 들어왔다. 이건 또 무슨 아이러니일까. 한창 열심히 하던 3년간은 조용하더니 프로젝트가 막을 내리고 팀까지 없어진 상황에서야 주목받는 웃픈 상황이었다.

솔직히 난처했다. 제안 메일에 현재의 상황을 투명하게 밝히며, 원하시는 탄탄대로의 성공 스토리가 아님을 전했다. 하지만 돌아온 답은 '오히려 좋아'였다. 그렇게 몇 달간 이곳저곳에서 강연을 이어갔다. 양가적인 감정에 시달린 시기다. 〈주간 배짱이〉가 좋은 사례로 소개되고 우리의 이야기를 많은 분에게 전할 수 있는 건 감사했지만 결국 과거가 되어버린 이야기를 반복할 때마다 약간의 자괴감과 슬픔을 느꼈다. 하지만 이렇게라도 프로젝트가 이어지고 알려지는 것도 나쁘지 않다며 스스로 위로했다.

지금은 안다. 일의 기쁨과 슬픔은 늘 한 박자씩 늦게 찾아온다는 걸. 지금 누리는 영광, 지금 처한 곤경은 과거의 내가 벌어다 줬거나 자처한 것임을. 〈주간 배짱이〉를 만들며 팀원들과 함께 분투했던 시간이 그때는 무심히 흘렀지만, 한 타이밍 지나 팬덤을 고민하는 여러 브랜드들의 관심을 얻었다. 반대로도 마찬가지다. 과거의 내가 조금 더 살뜰히 챙겼어야 할 몇몇 지표의 골든타임을 놓쳤다. 이를테면 구독자 수로 대표되는 외연적 확장의 타이밍이 늦어지는 바람에 〈주간 배짱이〉의 이별이 예상보다 앞당겨졌다고 생각한다.

생각해보면 모든 일이 그렇다. 오늘은 과거부터 쌓아온 적금의 만기 상환일이거나 무심히 빌린 채무의 납기일이다. 오늘 마주할 것이 만기 적금일지 부끄러운 차압 딱지일지, 그건 이미 과거로부터 정해진 건지도 모르겠다. 그러면 조금은 정신이 차려진다. 이미 지나고 있는 오늘과 이 오늘이 가져다줄 미래의 결과는 현재 진행 중이다. 그럼 오늘의 나는 어떤 화살을 쏘아야 할까. 휴재와 팀의 해체가 결정된 그때의 오늘, 내가 내린 결정은 최선의 매듭이었다. 잘 헤어져야 했다. 마지막이라고 억지로 짜낸 좋은 말이 아니라 진심 어린 속내를 전해야 했다. 갑작스레 맞이한 이별처럼 또 갑작스레 이뤄질지 모를 재회의 순간에 서로 웃는 얼굴이길 바라면서 말이다.

강연을 마치고 집에 돌아와 메일 하나를 쓰기 시작했다. 글을 다루는 팀이었으니 마지막 인사 또한 우리답게, 우리다운 끝맺음이었다. 수신인란에 곧 사라질 배짱이 팀의 메일 주소를 입력했다. 평소 오타를 자주 내는 탓에 몇 번이고 썼다 지우길 반복하는 내가 그날만큼은 단번에 메일 주소를 써냈다. 이런 자잘한 것마저 야속

했다. 그땐 그랬다.

받는 사람: 배짱이 팀

안녕하세요, 김상민입니다. 적당한 끝맺음이 뭐가 있을까 하다, 곧 사라질 배짱이 팀 주소를 수신으로 마지막 메일을 드립니다.

그동안 배짱이 팀의 일원으로 함께 해주셔서 감사합니다.

지난 3년 동안 매주 펑크 없이 마감을 해온 건 곱씹을수록 놀라운 일 같아요. 나날이 늘어간 구독자 수와 단단하게 유지된 오픈율도 그렇구요. 〈주간 배짱이〉에서 전개된 여러 온오프라인 캠페인들도 빼놓을 수 없겠죠.

'배짱이'라는 브랜딩 자산이 탄생한 2016년 이래, 역대 최대 규모의 팬덤과 소통하는 채널을 만들어주신 데에는 마카롱, 분짜, 치킨 님의 기여와 공로가 절대적입니다.

다만 여러분에 비해 제 부족함이 많았습니다. 조금 더 좋은 리더십과 역량을 갖춘 팀장이 함께였다면 우리 팀의 결과물이 더 빛을 내지 않았을까 하는 아쉬움이 늘 있었습니다. 팀을, 그리고 〈주간 배짱이〉를 원하는 만큼 지속하지 못했음에 자책감도 들고요. 여러모로 미안합니다.

그럼에도 조금 뻔뻔하게 고백하면, 저는 배짱이 팀의 일원이라 참 즐거웠습니다. 배달의민족에서 무려 9년을 일했지만 여러분과 함께했던 시간이 단연코 가장 마음 편히, 그리고 건강하게 일에만 집중할 수 있는 시간이었다고 생각합니다.

이런 경험이 자주 있지 않다는 걸 알기에, 어쩌면 앞으로의 커리어에 다신 안 올 순간일지도 모른단 생각에, 저 또한 하루하루 즐기며 최선을 다했던 것 같아요.

그런 시간이 끝을 맺게 되어 더없이 아쉽지만 거꾸로 생각하면 이런 경험을 한 번이라도 해봤다는 게 개인적으로는 큰 복이라고 생각합니다.

(중략)

앞으로 어떤 환경에서 어떤 일을 하시든, 편안함과 안
정감 속에 잘 나아가시길 빕니다.

그동안 감사했습니다.

상민 드림

이렇게 〈주간 배짱이〉는 기약 없는 이별을 맞았다. 지금의 나는 그때
와 전혀 상관없는 일을 하며 나름의 몫을 해보려 분투 중이다. 그때
나 지금이나 힘듦은 매한가지지만 그래도 뒤돌아봤을 때 반짝이는
계절 하나를 두고 있다는 것, 어쩌면 그 이유 하나만으로도 이 회사
의 긴 계절이 마무리될 때 웃으며 마지막 퇴근을 할 수 있지 않을까.
혼자가 아닌 동료로서의 마케터로 함께 일했던 시간을 떠올리며 말
이다. 생각보다 회상이 길어졌다. 다시 일을 하러 가봐야겠다.

4부

내일로 갈 때

레퍼런스의 시대

지금은 레퍼런스의 시대인 것 같아요. '저 사람처럼 되고 싶다'는
욕망을 견인하는 롤모델은 사라졌고 대신 나는 이런 모습으로
살고 싶은데 저 사람이 어떤 면에서 나와 비슷한 것 같아,
그렇다면 저 사람의 어떤 부분을 한 번 들여다볼까?
그럼 내게 도움이 되지 않을까?라고 생각하면서 참고용으로
그 사람의 책을 읽는다는 거죠.

김민희, 〈아이브 매거진〉 인터뷰 중에서

불안에 잠식된 이는 선명한 답을 찾아 헤맨다. 무한히 복잡한 삶에
서 유한한 선택만을 할 수 있는 인간에게 애초에 충족될 수 없는 갈
망이다. 하지만 아랑곳 않고 우리는 계속 갈구한다. 나의 경우 그 열
망이 롤모델로 흘렀다. 어릴 때부터 본받고 싶은 대상을, 의심 없이
믿고 따를 누군가를 원했다. 만고불변의 답이 없는 마케팅의 세계에
들어서서는 더욱 집착했다. 회사 안팎에서 마주하는 훌륭한 마케터
들에게 집사를 간택하는 고양이마냥 롤모델의 왕관을 씌워줬다.

깨달음은 뒤늦게 찾아왔다. 예외 없는 실망을 맞으면서다. 아무렇지 않게 마주했을 다름의 순간이 주어가 롤모델이라는 이유만으로 실망이 되어 돌아왔다. 그럼 곧장 더 나은 롤모델을 찾아 떠났다. 상대방 입장에서는 어처구니 없을 0고백 1차임의 연속이다. 실망에 실망이 더해지자 나도 지쳐갔다. 결국 언젠가부터 롤모델을 두지 않는다. 그런데 이것이 결과적으로 옳은 결정이 되어간다.

롤모델이 존재하기 어려운 세상이다. 모든 것이 전례 없는 속도로 변하고 있어서다. 인간의 역사가 곧 변화의 역사라 치더라도, 그 속도에 있어 요즘에 비할 건 아니다. 전통의 가치관은 이미 잔해만 남았고 불과 한두 세대 위의 문화가 지금의 세계와 불협화음을 일으키는 중이다. 어제까지 확고했던 정답이 오늘은 명백한 오답이 될 수 있는, 어제의 롤모델이 오늘의 반면교사가 되는 게 전혀 이상하지 않은, 그런 세상 속에 산다.

자연스레 롤모델의 입지는 점차 줄어든다. 확신에 차 정답이라 외쳐도 얼마 못 가 머리를 긁적이는 민망한 상황과 자주 직면한다. 그러나 사람들의 결핍은, 오래전부터 이어진 나의 갈망은 여전하다. 우리는 불안을 해소하려 불철주야다. 다행히 롤모델이 떠나간 자리를 레퍼런스가 대체하는 모양새다. 그리고 나는 이것이 꽤 고무적인 현상이라 본다. 단일한 정답을 규정하고 이를 맹목적으로 따르는 건 이제는 어리석음에 가까워졌다. 오늘도 인생은 가늠조차 할 수 없는 입체적인 모습으로 우리를 시험하고 있기 때문이다.

아마 가장 불안한 건 학생과 직장인의 경계에 있는 이들 아닐까 싶다. 실제로도 대학생들과 만나는 강연에서 어김없이 그런 질문을 받는다. 마케터가 되기 위해 무얼 하고 어떤 것을 준비해야 할지, 다시 말해 마케터가 되는 왕도가 무엇인지. 당혹스럽게도 롤모델의 왕관을 나에게 씌운 똘망똘망한 눈망울과 마주한다. 아버지가 옆에 계셨다면 상민이 월드 클래스 아니라고 단박에 꾸짖으셨을 텐데.

안타깝고 또 당연하지만 나도 모른다. 이는 내가 더 이상 롤모델을 좇지 않는 것과 동일한 이유다. 질문자께서 살뜰히 포장한 질문을 어렵사리 반송하며 덧붙인다. 그 답은 여러분의 시대를 사는 여러분이 더 잘 알 거라고. 이미 지나버린 세계에서 답을 좇지 말고, 지금 여러분 안에 반드시 자리하고 있을 정답을 더 탐구해보시라고. 어설피 아는 척하는 어른도, 나의 지난 역사를 기준 삼아 편협하게 바라보는 어른도 되고 싶지 않다. 그 세대의 문제는 그 세대가 가장 잘 알고, 또 가장 잘 해결할 수 있다. 나머지 세대는 그저 제 역할을 하며 도울 뿐이다.

삶의 족보가 증발한 시대에 믿을 수 있는 건, 그리고 믿어야만 하는 건 수많은 레퍼런스로 축조한 자기만의 답이다. 다행히 레퍼런스는 롤모델보다 발견하기가 한결 쉽다. 생각보다 우리 주변에는 본보기의 대상이 많이 존재한다. 멀리 갈 것도 없이 며칠 전 우연히 들른 편의점에서도 좋은 레퍼런스와 마주했다. 생수 한 묶음이 밖에 꺼내져 있어 의아했는데 그 위에 이런 문구가 적혀 있다.

"냉장고에 들어가지 않은 미온수! 이가 시리지 않아
요~ 미지근한 물~"

편의점 위치가 노인의 왕래가 많은 을지로인 걸 생각하면 탁월한 디스플레이다. 여기에 부장님 느낌 한 스푼 담은 물결 표시(~) 마무리까지. 사용자 경험이 별거겠나. 이런 게 다정하고 사려 깊은 UX 아닐까. 점주의 솜씨인지 알바생의 번뜩임인지 알 순 없지만 마케팅의 기본이자 일상 속 훌륭한 레퍼런스다. 어르신들을 무방비로 방치하는 몇몇 프랜차이즈의 키오스크를 생각하면 더 의미 있다.

이처럼 우리에게 지금 필요한 건 일상 속 크고 작은 레퍼런스와 멀리해야 할 반면교사 사이에서 정반합을 찾는 일이다. 누군가는 큰 영감이 될 것이고, 어떤 글은 큰 발걸음의 용기로 자리할 것이고, 안타깝게도 어떤 존재는 반면교사의 거울이 될 것이다. 이는 성공과 행복의 기준을 나 자신에게 묻고 정의하는 삶의 기초공사와 다름없다. 물론 많은 시행착오와 마주하는 고단한 작업이기도 하다. 하지만 과거 롤모델이 호령하던 시대에서 찾아보기 힘든 견고한 자아가 남는다.

소소하긴 해도 내 삶 또한 단단한 여러 개의 가면이 있다. 마케터, 퇴근 후 글 쓰는 작가, 9년 차 러너, 하다못해 강경한 반민초파까지. 모두 꾸준히 이어가는 삶의 단면들이면서 동시에 어느 것 하나 확신을 주진 못한다. 각각 위태롭게 이어지는 여정일 뿐이다. 당장 내일 무슨 일이 벌어질지 알 수 없다. 하루아침에 민초는 곧 치약이라는 프레임을 스스로 깨고 배스킨라빈스 앱을 열어 초코나무숲을 주문할지도 모를 일이다. 그만큼 나란 사람이 얼마나 변덕스럽고 얼마나 롤모델과 거리가 먼지 누구보다도 잘 안다.

다만 하나의 레퍼런스는 될 수 있겠단 생각은 한다. 생각보다 잘나가게 될지 (제발요!), 여지없이 고꾸라질지 모르겠으나 (제발요ㅜㅜ) 그 여정이 비슷한 발자취의 누군가에겐 좋은 참고가 될 것이다. 나 또한 마음속 숱한 레퍼런스의 존재들을 떠올리며 길을 걷는 중이다. 따뜻하고 훌륭한 분들의 밑그림에 이 발자욱이 작은 기여라도 할 수 있다면 더없는 영광이겠다.

영화제에서는 상영이 끝나고 모두가 박수를 친다. 박수 소리에는 많은 게 담겨 있다. 우선은 배우와 스태프에 대한 경의, 나아가서는 영화를 향한 감사함이다. 나도 열심히 손뼉을 맞춘다. 삶의 토양을 비옥하게 해준 영화라는 문화 예술에 진정 고마움을 느껴서다.

영화제에서 박수를 칠 때마다 뭉클함을 느낀다. 이 감정의 기원은 혼자가 아니라는 안도감과 맞닿아 있다. 영화관을 점점 찾지 않는 시대, 유튜브 요약본으로 영화를 소비하는 시대에 영화제의 가치는 더 선명해졌다.

영화제를 찾은 이들은 마치 이렇게 말하는 듯하다. 영화의 의미는 아직 생생하고, 삶의 많은 부분을 영화에서 배우고, 또 체험하고 있다고. 나 역시 그중 한 명이다.

#영화
#부산국제영화제

〈비포 선라이즈〉의 사랑을 흠모했던 건 여행 중 우연히 만난다는 치트키적 설정 때문만이 아니다. 두 주인공이 서로의 존재를 처음 인지하던 순간, 각자 손에 들려 있던 책도 그 이유 중 하나였다.

책을 읽는 행위에 대단한 의미를 두지 않는다. 책을 읽었다고 고매해지는 것이 아니며, 책 안 읽는다 하여 교양이 없다고도 생각하지 않는다. 하지만 그와 별개로, 여전히 책을 손에 쥔 사람들에 마음이 기우는 건 어쩔 수 없다. 같은 세계 속에 살고 있다는 얄팍한 믿음 때문이다.

한 줄 한 줄 읽어 내려가는 삶의 속도, 무지로부터 달음박질치려는 열망, 바깥으로부터 자신을 고립시킨 채 활자의 세계에 발을 담그는 결심. 모두가 같다고 할 순 없지만 우리에겐 분명 크고 작은 교집합이 존재한다.

여행을 하다가도 꼭 서점에서 발걸음이 멈추고, 기어코 들어가 책을 뒤적이고, 그 안의 사람들을 관찰한다. 서점은 책이라는 마법을 여전히 굳게 믿는 사람들의 공간이자 매일 밤 떠나는 사유의 출발선이다. 나는 서점 안에 깃든 그런 마음들에 감복한다.

서점이 도시의 구석으로 밀려가지 않고, 더 우리 일상의 중심에 깃들길 바라는 간절함이 있다. 더 많은 이들이 읽고 쓰고 사유하는 것으로 우리가 마주한 꽤 많은 문제가 해결되리라 믿는다.

#독서

내일로 갈 때

이렇게까지 할 디테일

브랜딩의 핵심은 무엇일까? 바로 한 사람의 마음을 얻는 일이다.
우리는 보통 뭔가를 이루고 싶을 때 가장 먼저
돈이 얼마 필요할지 생각하지만, 사실 '몇 명'이 필요하냐는
질문이 더 중요하다. 이 몇 명은 오직 한 명으로부터 시작된다.
1천 명도, 1만 명도 단 한 명에서 출발하는 것이다.

차우진,《마음의 비즈니스》중에서

"왼손잡이시네요?"

밥을 뭉치던 셰프님이 내 앞의 스시 위치를 돌려놓는다. 왼손 젓가락질이 편한 방향이다. 처음 방문한 곳이고 아직 첫술도 뜨기 전이지만 이 집에 대한 판단은 이미 끝났다. 이런 곳이 맛없을 리가. 이윽고 입에 넣은 초밥은 그 확신이 틀리지 않았음을 증명한다. 미식가와 거리가 먼 내게 맛은 총체적 경험의 합으로 다가온다. 음식 맛

도 중요하나 건네진 작은 배려가 호불호의 추를 어디에 둘지 결정한다. 관찰이 빚어낸 디테일에는 그런 힘이 있다.

브랜딩도 마찬가지라 생각한다. 직업이 직업이다 보니 요즘 어디가 브랜딩 잘하냐는 질문을 종종 받는데, 그때마다 나열하는 대답은 공통된다. 대단히 유별나고 특별한 무언가는 없더라도 디테일 하나만큼은 끝내주는 브랜드. 보통 그런 곳들에 시선이 간다. "우와" 하는 감탄사가 절로 나오는, 얼핏 봐도 대규모 예산이 투입된 캠페인은 분명 사람을 압도하지만 금세 휘발되는 것 또한 사실이다. 작금의 대도파민 시대에는 어지간한 자극이 아니고서야 오래 기억되기 쉽지 않다.

반대로 브랜딩 맛집은 디테일에서 태어나는 감동이 긴 여운을 남긴다. 여기까지 생각했고 이렇게까지 신경 썼음을 느낄 때 여러 감정이 뒤엉킨다. 남이 한 일에, 더군다나 내가 내 돈 써놓고 감동받는 게 주책이라 생각되지만 어쩌겠나. F가 100인 피곤한 MBTI인 것을. 차이를 결정짓는 디테일이 소수의 천재적 번뜩임이 아니라 평범한 사람들의 간절한 고민에서 나온다는 걸 생각하면, 그들이 지새웠을 숱한 밤을 떠올리게 된다.

최근 가장 빼어난 디테일을 느낀 건 조금 의외의 장소였다. 주인공은 어머님들에게 BTS, 봉준호, 손흥민에 이어 언급될 바로 그 이름, 임영웅 선생님의 콘서트장이다. 커뮤니티와 SNS를 조금만 검색해보면 임영웅 콘서트에 다녀온 손 빠른 효녀효자들의 생생한

간증을 만날 수 있는데, 그중 유독 자주 언급되는 것이 현장 직원들의 친절함이다. 그건 단순 몇몇의 따스함이 아니라 철저한 가이드와 시스템에 기반하고 있었다.

임영웅 콘서트는 현장 스태프의 숫자부터 압도적이다. 대규모 스태프가 관객들에게 일대일로 붙어 자리까지 직접 안내한다. 대부분의 콘서트장이 어둡고 시끄러워 내 또래들도 자리 찾기가 쉽지 않다는 걸 생각하면 참 세심한 배려다. 어색할 만큼 큰 폰트의 안내문과 압도적 크기의 현장 스크린은 이런 문화의 사각지대에 머물던 어르신들을 덕질의 중심으로 에스코트한다. 적응할 새 없이 변하는 일상에서 은연중 받는 무시와 따가운 시선이 언제나 부담이었을 중장년층에게 임영웅은 단순 연예인이 아닐지도 모른다. 새로운 세계로 안내하고 소속감을 부여하며 잊고 있던 삶의 활력을 불어넣는 존재. 모든 브랜드가 간절히 꾸는 꿈이다.

더 놀라운 건 그 마음 씀씀이의 범위가 관객에만 머물지 않는다는 점이다. 임영웅 콘서트에 가면 다른 곳에선 찾아볼 수 없는 것이 마련되어 있는데, 바로 공연 밖 픽업존이다. 'Hero station(영웅역)'이라 적힌 이곳은 공연 후 부모님을 픽업하러 온 이들을 위한 대기 공간이다. 히터까지 구비된 널찍한 대기 공간은 부모님이 혹시나 가졌을 미안함의 짐마저 내려놓게 한다. 왜 이 사람이 신드롬에 가까운 인기를 끄는지 콘서트 속 숨은 디테일을 찾다 보면 쉽게 가늠할 수 있다. 그런 의미에서 임영웅 선생님이 혹시 이 책을 보신다면 (그럴 리 없음) 부디 본인의 주제를 파악하시어 다음 콘서트는 나주 평야에서 개최해주시길 빈다. 나도 효놈에서 효자로 진화하고 싶다는 간절함을 전한다.

디테일은 방향을 돌린 욕심에서 기인한다. 어떤 욕심은 공급자, 정확히는 자기 자신을 향해 있다. 이것도 했고 저것도 했는데 요것만 보여주기 아쉬운 마음, 내가 이렇게까지 고민했단 걸 드러내려는 욕심은 어김없이 우리의 스텝을 엉키게 한다. 일에 열심일수록 자연스레 드는 마음인 걸 알지만 그걸로 합리화해선 곤란하다. 공급자의 욕심이 그득한 결과물은 결국 광고로 인식되어 보여줄 기회도 없이 자동 소거된다.

옳게 된 욕심은 그 중심에 고객이 있다. 사용자를 프로파일링하고 그들이 겪을 미래 상황의 온갖 시나리오를 상상한다. 경험의 과정을 하나하나 소분하고 순간 드러나는 찰나의 감정을 캐치한다. 그때 할 수 있는 크고 작은 기여를 고민하며 기획의 미세한 빈틈을 메울 때, 비로소 디테일은 탄생한다. 하지 않더라도 아무 문제 없지만, 그래서 대부분은 하지 않은 일을 굳이 신경 쓰고 챙길 때 사람들은 반응하기 마련이다. 임영웅 콘서트에 간 어머님들, 심드렁한 표정으로 픽업 온 자녀들이 느꼈을 바로 그 감정이다.

디테일은 나도 일하며 늘 고심하는 영역이다. 동시에 제일 챙기기 어려운 부분이기도 하다. 일의 가장 끝단에 추가되는 부가적 요소이기에 언제나 귀찮음과 이 정도로 마무리하고 넘어가자는 유혹에 맞서야 한다. 이 싸움에서 승리하려면 끝까지 욕심을 내려놓지 않는 근성과 마지막의 마지막까지 고민하는 체력이 필요하다. 나 역시 연전연패하기 일쑤지만 가끔은 행운의 승리를 거머쥐기도 하는데, 돌아보면 그때마다 성장의 계단 한 칸을 밟아 올랐다.

5년 전 가을, 배달의민족 을지로체 출시 기념 전시를 준비하던 때도 그랬다. 모든 캠페인이 그렇듯 오픈 디데이가 다가올수록 크고 작은 의사결정거리가 넘쳐났다. 관객 대기 관리도 그중 하나였다. 전시장이 그리 넓지 않았기에 사람이 몰릴 주말 대책이 필요했다. 다행히 함께 준비한 디자이너, 마케터와의 합이 좋았던 프로젝트라 빠르게 해결할 수 있었다. 쾌적한 관람 환경을 위한 적정 관객 수를 정의하고 그 이상 인원은 대기 등록 시스템을 이용하기로 했다. 신속한 결정이었고 곧장 다음 안건으로 넘어갈 수 있었다.

_____ 무명의 간판 글씨 장인이 쓴 을지로 노포들의 간판을 모티브로 하여 만든 서체다.

그런데 영 찝찝한 마음을 지울 수 없었다. 해결한 건 맞는데 소화 안 되는 개비스콘 아저씨처럼 자꾸만 마음 한구석이 찡그려졌다. 전시장의 위치 때문이었다. 을지로 곳곳에 존재했던 손글씨 간판에서 모티브를 따온 만큼 전시도 을지로 어느 공장 골목에서 열기로 했다. 취지로 보면 최적의 장소였지만 기계 굉음과 어수선한 분위기는 대기하기 좋은 환경은 아니었다. 지금과 같은 힙지로 이미지를 본격적으로 갖추기 전이라 거친 분위기가 누군가에게는 삭막하고 무섭게 다가올 수 있었다. 물론 굳이 신경 쓸 필요는 없다. 대기 등록을 하면 예상 시간이 안내되니 사람들은 알아서 그 시간을 보내고 올 것이다.

그런데 종종 이상한 고집이 피어오를 때가 있다. 사서 하는 고생인 걸 알면서도 안 하고 넘어가면 못 견딜 것 같은 일이 있다. 결국, 우리는 대기 관객을 위한 작은 지도를 만들기로 했다. 도보 10분 내로 닿을 수 있는 주변 볼거리와 카페, 맛집 정보를 정리한 지도였다. 그리고 대기 등록 후 발송되는 카톡 메시지에 지도의 링크를 함께 전달했다. 그 덕분인지 수십 팀의 대기가 걸려 있는 날조차 전시장 근처는 한산했다.

사실 지도는 어설펐다. 구글 지도를 활용해 마케터 둘이서 뚝딱 만든 거라, 보는 디자이너마다 괴로워한다는 전설의 보노보노 PPT를 떠올릴 정도의 구성이었다. 그러나 행사 후 여러 후기에서 이 지도가 언급되었다. 디테일이 선사하는 감정이 후기들 곳곳에 생생히 드러났다. 덕분에 우리 또한 안도의 한숨을 쉬는 보노보노가 될 수 있었다. 동시에 깨달았다. 일의 본래 목적에서 이탈하지 않으면서 그 고삐만 잘 쥐고 있다면, 욕심은 분명 더 나은 결과물을 만들어낸다는 깨달음이었다.

이렇게까지 할 디테일

"이거, 이렇게까지 할 일이야?"

잘 굴러가는 조직에서 들을 수 있는 시그널이다. 지금껏 경험한 일 잘하는 조직에서 단 한 번의 예외 없이 등장한 일터의 문장이기도 하다. 신기하게도 프로젝트를 준비하며 이런 말이 나왔을 땐 어김 없이 성공했다. 이는 실제로 그 우스꽝스러운 생각이 반영됐든 아니든, 이미 만드는 사람이 고민한 깊이가 예사롭지 않다는 걸 의미한다. 당장의 일을 쳐내는 게 아닌 몇 수 앞을 보며 준비하고 있음을 암시하는 징표이기도 하다. 행여나 이렇게까지 할 일인가 싶다면 꼭 그리 해보길 권한다. 이렇게까지 할 일이 쌓이다 보면, 이렇게까지 될 줄 몰랐던 결과에 이를 수 있다.

효율에 대해 자주 생각한다. 이유는 남들과 다르지 않다. 더 나은 삶을 꿈꾸기 때문이다. 효율은 불확실한 하루에 가장 확실한 기준이 되어준다. 제한된 하루에 최대의 행복을 안기는 가장 신뢰할 만한 삶의 양식이다.

　동시에 효율의 함정에 대해서도 자주 되뇌인다. 우리는 매일 효율을 좇으며 살지만, 정작 중요한 순간의 대부분은 비효율의 선택에서 태동한다. 마음 가는 대로, 본능이 이끄는 대로, 하고 싶은 대로 나를 맡기는 순간 특이점이 발생한다.

　지난한 세계에서 벗어나 새로운 도전에 나서는 것, 남들이 닦아놓은 안전한 길 대신 나만의 경로를 탐구하는 것, 그리고 사랑에 흠뻑 빠지는 것. 효율의 잣대로 보면 모두 형편없지만 우리를 가장 우리답게 만들어주는 선택들이다.

　물론 중요한 건 균형이다. 계산하지 않은 비효율의 선택만큼 돈과 명예 또한 중요하다. 그럼 남은 과제는 비효율이 창조해낸 세계관을 계산된 효율로 잘 지탱해내는 것이겠다. 그렇게 또 다른 비효율의 특이점을 기다린다. 이런 반복이 그토록 바라던 행복의 지점까지 인도해주리란 믿음으로.

#비효율

더 나은 선택을 하고 싶은 팀장에게

과학은 무지를 인정하는 태도이기도 하다.
무지를 인정한다는 것은 아는 것이 무엇인지
정확히 말할 수 있다는 뜻이기도 하다.

김상욱, 《떨림과 울림》 중에서

처음 팀 리더가 됐을 때, 두려움을 느꼈다. 정확히는 피드백의 공포를 느꼈다. 팀장이 되긴 했지만 실무 능력도, 중간 결과물을 꿰뚫어 볼 통찰도 자신하지 못했다. 엄한 디렉션을 줬다가 일이 산으로 가는 건 아닐까? 좋은 것과 그렇지 않은 것의 구분을 잘 해낼 수 있을까? 성장판이 활짝 열려 있는 동료에게 내 한마디가 어떤 영향을 미칠지 너무도 부담스러웠다. 게다가 리더의 결정은 얼마 못 가 맞고 틀림이 훤히 드러나기 마련이다. 어긋난 결정이 계속된다면 '저 양반 또 틀렸네'라는 불신의 씨앗이 뿌리내릴 것이다. 나는 그 수치심을 견딜 수 있을까.

같은 상황이 반복되면 쪽팔림을 넘어 의구심의 단계에 들어설 것이다. 이 일을 계속하는 게 맞는지 의심의 굴레에 갇힐 게 불 보듯 뻔하다. 부끄러운 얘기지만 내 일만 잘하면 됐던 시절을 그리워하기도 했다. 그러나 누가 팀장 하라고 협박한 것도 아니니 변명의 여지는 없었다. 해야 할 일은 담담하게, 어떻게든 해내는 습관이 다행히 아직은 남아 있다.

필요한 건 용기였다. 우선 매번 정확한 피드백을 줄 수 없음을 인정했다. 확신보다 불확신의 순간이 압도적으로 많다는 진실 또한 받아들였다. 당연하게도 매번 맞는 결정을 하고 옳은 소리만 하는 사람은 없다. 그러나 초보 팀장에게는 애써 용기라는 단어까지 꺼내야 할 어떤 결심이다. 다만 의지를 갖고 용기를 낸다는 것은, 그러지 않을 경우 자연스레 도달하고 마는 관성도 있다는 얘기다. 어쩌면 내가 감지한 공포는 그 관성에 빠지기 싫다는 안간힘이었는지도 모른다.

사회생활에 한해 용기의 반대말은 합리화다. 당연하지 않은 것을 당연하게 받아들이고 맘대로 정의한 명분 아래 용인하고 모른 척하는 태도다. 그런데 이 합리화라는 게 너무너무너무 편하고 달콤하다. 인간의 천성이기 때문이다. 나를 포함해 대부분의 사람들은 스스로 합리화하며 순응하는 데서 편안함을 느낀다. 일부러 조금 나쁘게 써놓긴 했지만 사실 합리화 없이는 살아갈 수 없다. 좋은 게 좋은 거란 말의 힘을 나이 들수록 더 크게 느낀다. 한창 뾰족하게 살 때 지독히 듣기 싫은 말이었지만 독야청청 혼자 살 게 아니라면, 특히 마케터처럼 팀의 일원으로 직업 생활을 영위할 사람이라면 꽤 중요한 둥글둥글함이다.

다만 리더라면 경계해야 할 관성이다. 리더가 합리화의 관성에 빠지기 시작하면 그 스노우볼이 크게, 좋지 못한 방향으로 굴러간다. 리더에게는 힘이 있어서다. 아이디어 회의가 열린다고 가정해보자. 리더의 말에는 힘이 실린다. 똑같은 말을 해도 어쩔 수 없이 더 영향력을 가지기 마련이다. 아무리 수평적인 조직이라 해도 리더의 말에 반박하고자 들이는 마음의 품이 옆자리 동료에게 하는 것과 같을 순 없다.

시나리오를 하나 써본다. 리더가 처음인 누구에게나 찾아올 수 있는 미래다. 육중해진 말의 무게에 점점 익숙해진다. 받아침의 빈도가 부쩍 줄어든 상황을 높아진 정답률로 착각한다. 불확실하게 뱉은 말과 결정이 생각보다 잘 용인되고 받아들여진다. '진짜 네가 맞다고 생각해?'라 자문하는 내면의 목소리엔 '그러니까 지금의 위치에 올랐겠지?'라고 조심스레 반박한다. 처음은 소심할지 몰라도 점차 그 주장은 확신이 된다. 그렇게 점점 깊은 늪으로 빠져든다.

이후는 커뮤니티나 유튜브에서 흔히 접하는 이야기다. 자기 말만 정답이라고 믿는 상사, 틀린 걸 인정 못하고 오리발 내밀다 다른 사람에게 뒤집어씌우는 추태, 무능함을 감추려 어떤 능동적 결정도 하지 않는 회피적인 태도. 합리화에 잡아먹혀 용기의 동력을 잃을 때 리더는 뒤틀릴 수 있다.

이 각본의 주인공이 나라고 상상하니, 심지어 감정적으로 흔들리고 무너지면 충분히 빌런으로 흑화할 수 있겠다 생각하니, 그건 좀 끔찍했다. 예전에는 멋지게 나이 들고 싶었다. 그러나 지금은 후지게 늙지 말자는 비슷한 듯 다른 목표를 세운다. 부족함을 가리려 괜히 더 큰 목소리를 내는 것은 후짐의 여러 모습 중 하나다. 용기를 내기로 한 이유다. 모르는 건 모른다고, 못하는 건 못한다고 하자고. 운 좋게 옳은 선택이 이어질 수 있겠으나 결국은 틀린다는 미래를 염두하자고. 이는 체념도 겸손도 아닌, 바들바들 떨며 부리는 용기다.

그럼 리더에게 용기만 있으면 만사 해결일까? 첫 단추를 끼울 순 있지만 당장 피드백의 질이 올라가는 건 아니다. 피드백도 일종의 선택이라 오답의 공포 앞에 서면 두렵고 불안해진다. 하지만 진짜 공포스러운 일은 그런 망설임 때문에 유예되는 컨펌과 팀원 입장에서 느낄 막막함이다. 선택하는 부담은 당연하게 짊어지되 타율을 높여야 한다.

흔히 피드백을 잘하는 조건으로 예리한 분석력과 통찰을 말한다. 하지만 괄사와 다름없는 뭉툭함만 가진 나 같은 팀장에게도 좋은 피드백은 가능하다고 믿는다. 그 근거는, 이를테면 애정, 관심,

더 나은 선택을 하고 싶은 팀장에게

응원의 마음 같은 것들이다.

유독 잘 맞았던 리더의 얼굴들을 떠올려본다. 놀랍게도 그들 모두 피드백을 잘 줬다는 공통점이 있다. 매번 한 번에 컨펌해주고 좋은 이야기만 해줬다는 말이 아니다. 좋으면 왜 좋은지, 반대로 한 번 더 고민해보라며 돌려보낼 땐 왜 부족한지를 명확히 디렉팅했다. 디렉팅의 방향 역시 매일의 날씨처럼 제각각이 아니라 늘 일관됐기에 수긍할 수 있었다. 그런데 그건 총명함보단 성실함이 낳은 결과였다. 참 신기하게도 그들은 내가 하는 일을 늘 예의주시하고 있었다. 그때그때 가져온 결과물만 보지 않고 일의 흐름을 파악하고 있었다. 아카이빙 차원에서 정리해둔 위키 문서까지 상급자가 모두 보고 왔단 걸 알면 어떻게 그의 피드백을 한 귀로 흘릴 수 있을까.

피드백은 채점을 하거나 태클 걸려고 존재하는 시간이 아니다. 일이 올곧게 진행되도록 돕는 중간 과정에 가깝다. 그러나 대부분의 경우, 피드백 시간은 껄끄러운 단계로 자리해 있다. 합격과 불합격의 갈림길에 선 오디션 참가자의 마음으로 상급자를 찾는다. 여기에는 컨펌의 주체가 우리 상황을 백프로 알지 못한다는 불안 혹은 불신이 있다고 생각한다. 나를 유심히 살피고 있고 선뜻 시간과 노력을 내어 필요한 부분을 도와준다고 느낄 때 믿음의 벨트는 두터워진다. 신뢰 아래서는 설령 관점이 다르더라도 얼마든지 수정할 마음이 생긴다. 일에 대한 이해가 비슷한 수준으로 형성돼 있단 믿음 덕에 일방향의 피드백에서 끝나지 않고 생산적인 핑퐁도 할 수 있게 된다.

애정 어린 관심은 팀원의 역량 파악에도 도움을 준다. 한 사람을 애정에 기반하여 바라보면 그의 역량을 더 입체적으로 파악할 수 있다. 장단점뿐 아니라 어느 깊이까지 나아갈 수 있는지도 알 수 있게 된다. 그렇게 애정과 관심으로 얻은 지식은 피드백의 명확한 기준으로 자리한다. 조금 아쉽지만 이 친구가 갖고 있는 역량에 비해 선전한 결과라면 선 칭찬 후 다음에 신경 쓰면 좋을 부분을 짚어주고, 오늘의 아쉬움은 내가 직접 수정해 완료한다. 반대로 나쁘진 않으나 더 할 수 있는 역량의 팀원이라면 방향성을 알려주고 한 번 더 고민해볼 것을 권한다. 팀장을 하며 유일하게 싫은 소리를 하던 순간은 고민의 흔적이 덜 느껴질 때였다. 구성원 각자 도달할 수 있는 역량의 깊이를 잘 알기에 별 고민 없이 쳐내고 가져온 일은 소름 돋게 티가 난다. 그때는 일말의 고민 없이 돌려보냈다.

한 명 한 명 다른 관점 아래 피드백하는 게 번거롭다고 느낄 수 있다. 그러나 리더의 자리란 원래 이런 번거로운 일을 하는 자리 아닐까. 팀장 이상의 리더라면 팀원보다 월급을 1,000원이라도 더 받을 확률이 높다. 더 받으면 더 일하고 더 고민하는 것이 자본주의 사회의 자연스러운 논리다. 그래서 애석하게도 리더는 바쁘다는 게 핑계가 될 수 없다. 한 명 한 명 잘 살피어 성장시키라고 그만큼 더 주는 것 아닐런지.

"리더는 비정해야 돼요. 애정이 있기에 비정한 거예요. 관심이 있으니까 비정한 거예요. 아니면 무관심 속에 두면 돼요."

최근 〈최강야구〉로 또 한 번의 전성기를 맞은 야신 김성근 감독의 말이다. 그에게 애정의 반대말은 무관심이다. 반대말인 줄 알았던 비정은 오히려 애정과 한 몸처럼 붙어 있다. 괜히 순가락 하나 없는 기분이지만 나 또한 같은 생각이다. 내가 해석한 리더의 역할이, 쫌쫌따리 이행해온 리더로서의 시간이 아예 틀리진 않았음에 안도의 한숨을 내쉰다.

동시에 이어지는 걱정의 들숨은, 비정을 마음껏 휘두르기엔 심신이 너무 미약하다는 점이다. 팀장의 역할을 나와 안 맞는 옷이라 생각한 이유가 이건지도 모르겠다. 정이 넘치는 사람은 아니나 한 사람이 좌절하는 빌미가 되는 것 또한 끔찍하다. 어차피 완벽한 리더가 되려던 건 아니다. 그러니 애정과 관심이라는 나머지 반쪽에라도 최선을 다하자 싶다. 잘하는 걸 더 잘하도록 응원하고, 못하는 건 힘을 합쳐 돕는다. 마케터가 팀플레이의 직업이라는 데에 괜히 마음을 기댄다.

리더는 생태계를 만드는 사람이다. 이래라저래라 하는 사람이 아니라 팀의 상식을 정의하고 시스템을 조성하는 사람이다. 아열대 생태계가 있고 극지방의 생태계가 따로 있듯, 지금도 각자 처한 환경에 맞게 나름의 시스템을 고심하는 초보 팀장들, 실무와 운영의 경계에 선 나와 비슷한 연차의 분들에게 괜한 위로와 응원을 보낸다.

내게도 리더로서 조성하고픈 생태계가 있다. 언제든 모른다고 고백하고, 매번 정답만을 찍을 수 없다 인정하는 곳. 다만 그걸 냉소로 바라보지 않고 애정과 관심으로 서로를 북돋아가는, 빈틈을 메우고 느리지만 옳은 방향의 발걸음을 내딛는, 결국 그렇게 함께 만들어가는 곳. 꿈은 크게 가지라는 부모님 말씀을 30년 만에 들어보는 중이다.

성장은 여러모로 고약하다. 눈에 보이지도, 손에 잡히지도 않으며 측정조차 어려워 늘 어렴풋이 느끼고 희미하게 가늠한다. 성장의 확신보단 이 정도면 반드시 성장했어야 한다는 불안한 믿음만이 남는다.

성장은 레시피대로 완성하는 정갈한 요리가 아니다. 손에 잡히는 반찬들로 욱여넣어 만드는 MT 이틀째 아침의 정체불명 찌개에 가깝다. 만드는 사람도, 먹는 사람도 한술 뜨기 전엔 어떤 맛일지 예측할 수 없다. 꾸준함이란 이름의 라면 스프를 넣으면 대개 맛있긴 한데 이게 진짜 맛이 좋은 건지, 아니면 지금 이 분위기 때문에 맛있다고 느끼는 건지 물음표다.

그게 곧 성장이 우리에게 요구하는 바이자 본질 같기도 하다. 손에 잡히지 않고 형체가 없으니 함부로 성장했다고 자만하지 않는다. 끝없이 의심하고 혹시나 하는 불안감에 계속 노력을 부어 넣는 자가 결국 성취로 한 걸음 더 다가간다. 성장이 멋들어진 업적보다 처연한 불안함이 낳은 산물처럼 느껴지는 이유다.

#성장

씨앗이 많다고 꽃이 피지 않는다

그럼 어디서 영감을 얻죠? 그들이 묻는다. 저는 날마다
같은 시간에 자리에 앉아 영감의 길목에 저를 내려놔요.
정말 관심이 있어서 묻는 사람에게는 종종 이렇게 답해준다.
내가 자리에 앉지 않으면, 거기서 작업하고 있지 않으면
영감은 나를 그대로 스쳐 지나갈 것이다.

대니 샤피로, 《계속쓰기: 나의 단어로》 중에서

한때 불어닥친 영감 열풍을 기억한다. 일상을 파헤쳐 끄집어낸 흥
미로운 생각과 관점이 '인사이트'라는 이름 아래 펼쳐졌다. SNS에
수많은 영감 계정이 생겨났고, 눈여겨볼 인사이트와 브랜드 사례가
많은 이들에게 조명됐다. 요즘은 절정일 때에 비해 다소 시든 감이
있긴 하나 반짝 유행에 그친 건 아니다. 영감을 좇는 건 소위 갓생
사는 이들의 기본 양식으로 자리 잡았다.

　　마케터로서 흥미로운 시류다. 영감을 찾아 구천을 떠도는 내

직업적 소명이 일상 곳곳에 스며들었다. 긍정적인 변화라 믿는다. 그만큼 관성에서 벗어나 새로운 관점을 갖는 데 많은 이들이 고민하고 있다는 뜻이니, 영감을 발견하고 공유하는 현상에 지지의 박수를 보낸다. 그런데도 왠지 모를 찜찜함이 남는다.

기시감을 느끼는 건 1월 1일, 숱한 블로그의 '책 100권 읽기' 새해 다짐을 보면서다. 1년에 책 한 권 읽지 않는 사람의 비율이 절반 넘는 나라임을 생각하면, 참 생경한 목표이자 본받을 만한 의지다. 연말이면 이 목표를 달성한 사람들의 당당한 인증과 마주한다. 단순 계산해도 사나흘에 한 권씩, 그걸 열두 달 동안 해낸 셈이다. 진심 어린 박수를 보내지만 다시 약간의 의구심이 남는다.

_____ 문화체육관광부 '2023년 국민 독서실태 조사'에 따르면 성인 종합독서율은 43퍼센트, 하루 독서시간은 18.5분이다. (대한민국 정책브리핑, 〈성인 10명 중 6명, 1년에 책 한 권도 안 읽어… 종합 독서율 4.5%p↓〉, 2024.04.18.)

영감 수집 열풍과 책 100권 읽기 운동 사이에는 느슨한 공통점이 존재한다. 둘 다 훌륭한 습관인 건 자명하나 우리를 쉽게 착각의 늪으로 빠뜨릴 수 있다는 점이다. 평범하게 흐르는 일상을 멈춰 세워 인사이트를 발견했다는 뿌듯함, 책 안 읽는 시대에 나만의 길을 걷는 듯한 소소한 자부심은 무척 자연스럽다. 영감 계정의 게시물 수가 쌓여갈수록, 블로그에 기록하는 완독의 숫자가 올라갈수록 나라는 사람이 조금은 고양되는 기분마저 든다. 문제는 그것이 목적이 될 때다.

무언가에 지나치게 몰두하다 보면 종종 수단과 목적이 뒤바뀌는 걸 인지하지 못한다. 읽은 권수만 강조되고 그 경험이 무얼 남겼는지 찾아볼 수 없는 경우도 그렇다. 요즘 같은 시대에 다독도 대단하지만 독서의 경험이 너무 소중하기에 어쩔 수 없는 염려를 갖게 된다. 책 읽기의 목적은 제각각이라 완독 자체도 의미는 있다. 마지막 장을 덮고서 감정의 너울을 느끼는 것만으로 이미 충분한 세계가 분명 존재한다. 그러나 100권 읽기 챌린지가 유독 자기계발의 일환으로 유행했음을 감안하면, 책을 읽었다는 사실만큼 작가의 생각을 곱씹으며 자신에게 같은 질문을 건네는 것 또한 중요하다고 본다. 몸에 스민 경험과 마음에 깃든 생각으로 나만의 답을 정의하는, 그 수고로움이 독서를 통해 우리가 진짜 얻고자 하는 바를 품에 안기기 때문이다.

영감 열풍도 마찬가지다. 나를 포함해 많은 이들이 영감 수집에 몰두하다 착각에 빠진다. 수집을 성취라 여기는 착각이다. 감각의 안테나를 세워 자극을 수렴하는 습관의 중요성은 굳이 더 강조할 필요가 없으나 그것이 수집에 그친다면 결국 손에 쥐는 건 없다. 영감은 출발선이지 결승선이 아니다. 중요한 건 영감을 씨앗 삼아 나의 언어로 발화해가는 과정이다. 훌륭한 통찰과 문장을 배합해 나만의 무언가를 만들어낼 때, 그제야 영감은 우리가 그토록 바라던 더 나은 삶에 기여한다.

영감에 관한 신념은 글을 쓰며 더 확고해졌다. 회사 밖에서 작가 생활을 시작하자 영감의 출처에 대해 자주 질문 받는다. 특히 매주 한 편의 에세이를 발행하는 뉴스레터를 운영할 적엔 나처럼 퇴근 후 글 쓰는 생활을 준비하는 분들의 많은 연락을 받았다. 어디서 어떻게 영감을 얻길래 그리 줄기차게 글을 쓸 수 있냐는 물음이었다. 그때마다 대답은 한결같았다.

"써야 하는 주제가 있고 마감에 쫓기다 보면 어떤 식
으로든 영감이 손에 잡히더라고요."

재능 부자의 말이 아니다. 하나하나 뜯어보면 사실 이건 나와 같은 평범한 모두에게 적용되는 지극히 친서민적인 대답이다.

우선 '써야 하는 주제가 있고'부터. 영감은 백지상태보다 쓰일 사용처가 있을 때 더 선명해진다. 어린 시절 짓궂은 놀림에 맞서는 펀치라인이었던 '○○ 눈에는 ○○만 보인다'가 여기에도 적용된다. 가령 써야 하는 글의 주제가 '배고픔'이라면 무의식 어딘가에 이 단어가 뿌리내리게 된다. 그러다 평소라면 아무렇지 않게 스쳐 보낼 상황에서 뜬금없이 이 단어를 떠올린다. 매일 똑같은 퇴근길 지하철 플랫폼에서 문득 과자봉지와 음료를 가득 삼킨 쓰레기통이 눈에 들어오는 것처럼 말이다. 그때 주제와의 공통점을 발견하고 결합시킨다. 쓸 거리의 발견이다. 영감이 발화하는 순간이다.

'마감에 쫓기다 보면'은 발화의 순간을 독려하는 촉매제다. 소위 쫄리는 상황에 처하면 사람은 어떻게든 답을 찾게 된다. (마치 지금처럼) 마감 일자가 코앞으로 다가왔을 땐, 세상 모든 것들이 써야 하는 주제의 연관 검색어로 보인다. 그 주제와 내 시야에서 벌어지고 있는 상황, 그 주제와 알고리즘으로 뜬 유튜브 콘텐츠, 그 주제와 불현듯 떠오른 과거의 기억을 되든 안 되든 열심히 붙였다 뗀다. 그럼 '어떤 식으로든' 글이 나온다.

영감 얻는 법에 대해 명쾌하게 설명하지 못하는 이유다. 영감이 쓰일 사용처가 있고, 닦달하는 환경이 조성됐고, 아등바등 고민하다 보면 어느새 영감이 내 손에 들어와 있다. 너가 왜 거기서 나오는지 묻고 싶을 정도로 영감과 마주하는 순간은 매번 어안이 벙벙하다. 이건 운일까 노력일까? 답을 찾으려 이리저리 애썼으니 노력한 건 맞는데 이 정도로 착 달라붙는 친구가 와준 건 명백한 행운이다. 그러다 이내 스스로 다그친다. 지금 이러고 있을 시간이 없다. 곧 마감이다. 영감과 인사 나눌 새도 없이 바삐 문장으로 옮긴다. 이렇게 운에 맡긴 듯한 작법이 지속 가능한 건지 의심되지만, 애써 모른 체하며 쓰고 또 쓴다. 그러다 보면 한 편이 완성된다.

영감은 돈과 같다. 모으는 것만으로는 별다른 의미를 갖지 못한다. 써야 한다. 잘 써야 한다. 그러려면 써야 할 목적이 명확해야 한다. 사고 싶은 겨울 코트 때문에 지금 내가 25일 월급날만 기다리는 것처럼 말이다. 다행히 그리 어렵진 않다. 일상에서 인사이트를 뒤적이는 이들에게는 무언의 초조함이 있다. 지금보다 더 나은 직업인이 되고 싶다는, 아니 조금은 더 괜찮은 인간이 되고 싶다는 열망이 우리 안에 존재한다. 그래서 타인의 지혜를, 멋진 삶을 사는 누군가의 철학을, 존경할 만한 위인의 행적을 좇는다. 일상의 익숙함을 굳이 헤집어 위대함을 발견하려 힘쓴다. 그러나 탐독과 수집의 과정에만 의미를 부여하면 결국 추종자로 남을 뿐이다. 영감 수집자의 남은 미션은 마음속 추상적으로 자리한 목표를 조금은 더 가시적으로 구체화하는 작업이다. 노력해 모은 영감이 마음껏 뛰놀 운동장의 조성이다. 동시에 나 또한 누군가의 영감이 될 수 있다는 용기가 필요하다. 그 용기가 영감의 터전 위에서 발휘될 때 비로소 나만의 이야기가 빚어진다.

인류사의 가장 위대한 철학자를 꼽는다면, 적어도 세 손가락 안에 니체의 이름은 들어갈 것이다. 철학뿐 아니라 현대 인문학 전체에 지대한 영향을 끼친 니체지만 그도 처음은 쇼펜하우어의 열렬한 지지자로 시작했다. 헌책방에서 우연히 쇼펜하우어의 《의지와 표상으로서의 세계》를 읽고 철학자가 되길 결심했던 일화가 있을 만큼, 니체는 소위 쇼펜하우어를 덕질하던 사람이다. 그러나 이후 니체는 쇼펜하우어의 세계관을 극복하고 자신만의 철학 세계를 구축한다. 니체에게 쇼펜하우어는 영감의 원천이었으나 단순히 그것을 추종하는 데에서 그치지 않았다. 쇼펜하우어의 이론에 논박하며 자기만의 철학을 만들어냈다. 물론 내가 니체처럼 지덕체를 갖춘 위인이 될 일은 없지만 현대 철학의 근간이 된 천재조차 그런 과정을 겪었다는 것에 용기를 얻는다. 결국 중요한 건 검색될 수 있는 타인의 위대한 문장을 좇는 게 아닌, 검색될 수 없는 나만의 고유한 문장을 써 내려가는 것일 테니.

글을 쓴다는 건 머릿속 모든 추상적 존재를 구체적으로 풀어내는 과정이다. 모호한 생각과 불투명한 감정을 내가 쌓아온 언어들로 구현한다. 흑백의 관념을 채색하고 엉킨 실타래의 개념을 하나하나 풀어낸다.

결국 글쓰기는 생각의 해상도를 올리는 작업이다. 선명하게 마주한 세계는 자연스레 더 짙은 감정을 남긴다. 동시에 우리의 삶은 매우 입체적이고 요동치는 것이란 걸 알려준다.

희미함으로 가득 찬 세계관에서는 길을 잃기 쉽다. 어디로 가야 할지, 내가 어디 있는지, 아니 내가 누군지도 모호한 세계에서 자존감이란 존재할 수 없으며, 설령 운 좋게 세웠다 한들 언제 무너져도 이상할 게 없겠다. 결국 그에게 필요한 건 펜을 들어 스스로를 정의하는 시간이다.

#글쓰기

씨앗이 많다고 꽃이 피지 않는다

이걸 왜 마케터가 하지? 싶은 일을 하고 있다면

사람들은 성실함이나 꾸준함 같은 덕목을
재능의 별책부록 정도로 생각하는 경향이 있다.
하지만 재능만큼 중요한 것은 인내다. 일희일비 하지 않고,
긴 인내심으로 자기 자리를 지킬 것.
그렇게 하다 보면 기회는 온다. 100퍼센트라고 단언할 순
없지만 99퍼센트라고 말할 수는 있다.
꽤 확률 높은 싸움이다.

김봉현, 《래퍼가 말하는 래퍼》 중에서

대학생 시절 우리 사이에는 귀여운 룰 하나가 있었다. 3수 이상 장수생 출신 누나와 형들에게 먼저 다가가고 챙기는 문화였다. 그건 일종의 예우이기도 했다. 지옥 같은 수험 생활을 남들보다 길게 겪은 데 보내는 리스펙이었다. 아마 다들 본능적으로 짐작하지 않았을까. 그들이 얼마나 인고의 시간을 지나왔는지.

그런데 그 생활을 무려 10년간 지속한 이가 있다. 2021년 〈쇼미더머니〉 시즌 10에서 두각을 보인 래퍼 에이체스다. 그는 10수생

참가자다. 쉽게 말해 시즌 1부터 10년 동안 매해 지원서를 썼다. 하지만 많은 이들에게 그의 이름은 생소할 것이다. 그럴 만하다. 열 번의 〈쇼미더머니〉 참가 중 절반은 1차 예선조차 통과하지 못했고, 무대에서 경연해보기는커녕 제대로 된 원샷조차 받은 적 없다.

하지만 〈쇼미더머니〉 시즌 10은 그에게 열 번 찍어 넘어간 나무가 됐다. 특히 예선 마지막 단계인 일대일 배틀에서 두고두고 회자될 전설을 쓴다. 당시 에이체스의 대결 상대는 그해 참가자 중 가장 큰 화제를 불러 모은, 결국 이 시즌의 우승을 거머쥔 조광일이었다. 이후 에이체스가 인터뷰에서 고백하길 이길 수 있다는 자신감보다 통편집을 피하게 돼 안도했다 할 만큼 누가 봐도 기울어진 대결이었다.

그러나 그는 기울기의 균형을 스스로 맞춘다. 각자의 랩을 뱉은 뒤 프로듀서 네 팀 중 더 많은 지지를 받은 래퍼가 이기는 방식에서 두 사람은 무려 세 번의 2대2 동점 상황을 연출한다. 누구 하나 고를 수 없는 상황에 이르자 결국 프로듀서들은 둘 모두를 합격시키는 쪽으로 합의한다. 룰을 바꾼 것이다.

그러나 놀라운 활약에도 불구하고 에이체스의 여정은 거기까지였다. 다음 스테이지인 단체 미션에서 에이체스는 멋진 퍼포먼스를 보여줬지만 아쉽게 탈락의 고배를 마신다. 하지만 그는 마지막까지 놀라움을 안긴다. 탈락자는 추후 발매되는 음원에서 제외된다는 전통을 바꾼 것이다. 그가 빠진다면 곡의 완성도가 부족해진다는 프로듀서의 판단이었다. 에이체스는 끝내 본선 무대를 밟지 못했지만 최종 우승자와 무려 세 번의 무승부를 기록한 래퍼로, 동시에 프로그램 룰을 두 번이나 바꾼 게임 체인저로 남았다. 그는 열 번의 도전 끝에 시즌 최고의 서사를 남긴 채 퇴장했다.

꾸준함이 존중받는 오늘이다. 하지만 어떤 꾸준함은 객기로 치부된다. 특히 눈에 띄는 성과가 없는 경우 더더욱 그러하다. 에이체스에게 붙은 10수생이라는 꼬리표가 존경보다 조롱에 가까웠던 것도 같은 궤의 이유다. 하지만 간절함 섞인 객기가 어느 지점을 넘어서면 클래식이 된다. 누구도 쉬이 가지 않은 길을 거쳐왔기에, 누구도 쉬이 모방하기 힘든 고유함을 지닌다. 에이체스를 두고 현질 없이 만렙까지 찍은 게임 캐릭터 같다 말한 자이언티의 평가가 정확한 이유다.

마케터의 삶도 다르지 않다. 겉으로는 한없이 밝고 유쾌해 보이나 현실을 뜯어보면 마케터의 일 상당수가 단순 작업과 반복, 그리고 이따금 객기처럼 느껴지는 꾸준함으로 채워진다. 특히 아직 시스템이 덜 구축된 스타트업의 마케터라면 더 그럴 것이다. 격세지감이지만 배달의민족도 스타트업이란 호칭이 어울리던 시절이 있었다. 실제로 '이걸 왜 마케터가 하지?' 싶은 일 또한 많았다. 성과라 하기 민망한 일들이 체크리스트를 가득 메울 때 착잡함이 들었던 것도 사실이다. 상상 속 빛나는 마케터로서의 나, 그리고 퍼대고 앉아 단순 노동하는 나 사이의 간극에서 일의 지속 가능성을 의심했다.

과거가 됐다 하여 그걸 미화할 생각은 없다. "그게 다~ 좋은 마케터의 양분이 된다아~~ 이 말이야" 같은 말도 하고 싶지 않다. 다만 마케터의 미션이 결국 사람의 마음을 얻고, 또 움직이기 위한 총체적 활동임을 생각하면 불가피하다는 생각은 든다. 택배 포장을 하고, 엑셀에 데이터를 수기로 입력하고, 잘못 인쇄된 수천 장의 브로슈어에 수정 테이프를 하나하나 덧바르는 게 상상하고 바랐던 마케터의 삶은 아니다. 그럼에도 누군가는 해야 하는 이런 일들이 마케터로서의 잔근육을 만들어준다고도 믿는다. (물론 벌크업 없이 잔근육만 생기게 하는 회사라면 당장 그만두세요) 그렇게 축적된 잔근육은 이후 몸집을 키울 때 디테일의 힘으로 발현되기 마련이다. 사랑을 표현하는 데 그 어떤 과학적 근거도 없지만, 우리네 부모님들은 굳이 굳이 종이학 1,000마리를 손수 접었다. 대개의 좋은 마케팅도 그런 굳이와 굳이가 모여 완성된다.

오늘도 어딘가에서 객기의 시간을 견디는 이들이 있다. 오늘의 삽질이 객기일지, 의미 있는 결과를 위한 여정일지 결코 대답해주지 않는 삶의 수수께끼 앞에서 한숨은 깊어진다. 그들에게 에이체스가 보여준 성취가 하루를 버틸 힘으로 닿았길 빈다. 덜 외롭고 덜 고된 하루이길, 조금은 불안을 덜어낸 밤이길 빈다. 비슷한 지점에 서 있는 한 사람으로서 지난밤 에이체스를 보며 내가 얻은 위안처럼.

유독 힘겨운 시기, 뭐라도 해야 한다는 말이 공허하게 다가온다. 몸을 둥글게 말아 이불 속으로 파고든다. 숨고 숨다 사라지고 잊히는 상상을 한다.

그러나 이런 무기력은 대개 그만큼의 희망과 노력에서 비롯된다. 지금보다 잘해보려는 의욕이 마음 곳곳에 구덩이를 파고, 그 속에 불안이 고인다. 우리가 마주하는 절망의 밤은 쌓이고 쌓이다 넘친 그 불안과 낯설게 조우하는 순간일지 모른다.

비슷한 지점에 선 누군가에게 하고픈 말이라면, 일단 잘 버텨보자는 것이다. 다소 무책임한 다정함이라도 일단 그 온기로 지금 이 밤의 급한 불은 끄자. 어차피 삶은 누가 책임져주지 않으니, 앞으로 끝없이 책임져야 할 내가 무너지지 않을 수 있게.

유독 긴 겨울이라도.

#무기력

내일로 갈 때

마케터로서 가장 큰 고민은 이 일을 언제까지 지속할 수 있을지다. 나만 하는 고민은 아닐 것이다. 세상과 호흡하며 새로운 무언가를 창조하는 사람, 디자이너, 건축가, 그리고 모든 형태의 예술가들도 같은 근심을 할 것이다. 다만 고민을 이어갈수록 답은 꽤 명료하단 걸 깨닫는다.

운동을 멈추지 않는다. 영감 주는 사람을 곁에 둔다. 스스로 사유하고 기록하며 정리하는 습관을 들인다. 겸손한 마음으로 성실히 탐구하고 열망한다. 몸과 머리에 나태의 기름이 끼지 않도록 정진한다.

그 또렷함이 다행이면서도 필연 동반될 고단함을 생각하면 크나큰 불행이다. 동시에 오랜 시간 성실히 답을 좇은 이들이 별거 아닌 듯 보여도 위대한 이유겠다. 다행과 불행의 경계를 넘나들며 오늘도 차근차근 한 발 한 발.

#마케터

쉬이 구겨질 수 있는 사람

종이를 멀리 보내려면, 구겨서 던지면 된다.
그러면 종이는 나의 완력과 의지에 따라 내가 원하는 방향으로
정확히 날아간다. 구겨짐을 두려워하지 않을 때,
비로소 나는 나의 삶을 산다.

신용목, 《우리는 이렇게 살겠지》 중에서

예전에 비해 삶이 참 번듯해졌다. 매달 꽂히는 월급, 불편함을 기준 삼아 정리된 관계, 현저히 떨어진 체력과 쪼그라든 용기가 맞물려 일상이 자의반 타의반 안정적인 궤도에 들어섰음을 느낀다. 안정적일 뿐더러 직선적으로 변해간다. 목표에 닿기 위해 돌고 돌아 사서 고생하던 20대와 다르게 이제는 돈으로, 직관으로, 하다못해 빠른 포기로 어떤 식으로든 신속히 결과를 받아든다. 속물 같아도 이렇게 잔잔하고 인과 또렷한 삶이 나쁘지 않다. 아니, 솔직히 꽤 괜찮다.

동시에 두렵기도 하다. 번듯한 삶은 편안하지만 예측 가능하다. 치열함의 부재는 고인 존재로 치닫는 지름길이다. 반짝이던 이가 순식간에 빛을 잃어버린 케이스가, 과거의 총명함을 잃고 기본적인 판단력조차 흐려진 반면교사의 사례가 어디 한둘일까. 나라고 그러지 말란 법도 없다. 쇠락의 과정은 비단 오만한 몇몇만의 이야기가 아니라 인류의 보편적 생애 주기에 가깝다. 사람이라면 적당한 타협이 안기는 안정감에 익숙해지는 법이니까.

반대로 제 발로 안온함을 박차는 이들이 있다. 잘 다니던 회사를 그만두고 새로운 도전을 하거나 보장된 안락함을 뿌리친 채 삶의 대대적인 변곡점을 만드는, 굳이 안 해도 되는 일을 굳이 벌여 끝장을 봐야 하는 이들. 그들의 중심에는 단단한 용기가 서려 있다. 어설프고 서툴고 심지어 바보같이 구겨질 자신과 마주할 용기, 정확히는 더 나은 존재가 되고 싶은 무언의 열망이 말이다.

특히 뭐든 꾸준히 잘하는 사람들이 이런 구겨짐의 용기를 교집합으로 둔다. 필연적으로 마주할 초심자의 못남을 덤덤하게 바라보며 그저 묵묵히 걸어간다. 물론 모든 형태의 용기가 그렇듯 말처럼 쉽지 않다. 그럴 땐 번듯해진 삶의 이기를 이용해보는 것도 나쁘지 않다. 송혜교를 벽으로 밀치던 원빈의 기세로 용기를 돈으로 사는 것이다.

가까운 사례로 자아 성장 플랫폼 밑미를 떠올린다. 밑미는 벽돌책 읽기, 아침 운동, 일기 쓰기 등 많은 사람들이 습관으로 들이고 싶어 하지만 혼자서는 해내기 쉽지 않은 활동을 일상에 뿌리내리도록 돕는다. 각 습관은 '리추얼'로 정의되고, 그 리추얼을 이미 잘 실천하고 있는 사람이 리추얼 메이커로 활동하며 3주 동안 사람들을 이끈다. 조금 과격히 표현하면 돈으로 습관을 사는 서비스다.

누군가는 의아해한다. 혼자 마음먹고 하면 되지 그걸 왜 돈 주고 하냐고. 내 생각은 다르다. 밑미는 돈으로 습관을 사는 것이면서, 구겨짐의 두려움을 상쇄하는 소비다. 밑미를 통해 모인 이들은 대개 그 분야의 초보자다. 습관을 들이고 싶지만 막연히 생각만 할 뿐 실천하지 못했거나 번번이 실패했다. 참여하는 모두가 나와 비슷하기에 시작의 어설픔이 민망하지 않고, 함께이기에 시작의 두려움을 나눌 수 있다. '굳이?'라는 의심이 무색하게, 밑미는 4년째 꾸준히 성장 중이다.

밑미뿐 아니라 여러 커뮤니티 기반 브랜드들의 성장을 보며 더 나은 존재가 되고자 하는 이들의 열망을 확인한다. 그럴 때마다 질문의 방향은 다시 내게로 돌아온다. 나는 얼마나 구겨질 준비가 되어 있는지. 지금은 마냥 빳빳한 도화지처럼 보이지만 자세히 보면 접히고 구겨진 자국으로 가득하긴 하다. 도파민 중독이라 해도 할 말 없을 성장의 열망이 남긴 흔적이다.

브랜딩이 가장 잘 맞는 옷임을 알고 있고, 누가 봐도 그쪽(?) 향의 마케터지만 내 이력에는 의외의 한 줄이 있다. 약 2년 동안 속해 있던 퍼포먼스 마케팅팀. 심지어 자원했다는 게 더 의아한 부분이다. 7년 전의 나는 완성형 마케터가 되고 싶단 야망으로 이글거렸고, 후에 브랜딩을 메인으로 다룰지언정 숫자도 잘 보는 마케터이고 싶었다. 물론 완성형은커녕 혈기만 왕성형 마케터에 그쳤지만 말이다. 그러나 숫자의 세계에 제 발로 들어가 한없이 꾸겨진 기억과 경험은 여전히 내게 선명한 자국으로 남아 있다. 과거에 비하면 한껏 눈치 보고 멈칫하길 반복하지만 그래도 그때 박힌 굳은살에 기대 이따금 있는 힘껏 자신을 꾸겨본다.

빳빳한 삶이 가져다주는 안정감은 곱씹을수록 참 소중하다. 그러나 삶이 평온함으로만 채워지는 건 아무래도 곤란할 것 같다. 그런 감각이 들 땐 의식적으로 하루의 일부를 구겨짐의 시간으로 채운다. 나의 오늘이 썩 마음에 들지 않는다면, 지금의 틀을 깨고 탈피하려면, 그 번듯한 종이를 과감히 찢어야 한다. 있는 힘껏 구겨 던져야 한다. 원하는 방향으로, 원하는 거리만큼. 그렇게 우리는 새로운 세계에 안착한다. 어색하고 서툰 여정이겠지만 어디론가 나아가고 있단 사실은 분명하다. 구겨짐의 여정 속에서 막연했던 과거의 상상은 현실이 된다.

쉬이 구겨질 수 있는 사람

짐 캐리와 주이 디샤넬 주연의 2008년 작 〈예스맨〉은 인생에 부정적인 태도만을 취하는 자신을 바꾸기 위해 모든 제안에 YES라고 답하기 시작한 남자의 이야기다. 이 영화는 원작이 존재하는데, 놀랍게도 소설이 아닌 자전적 경험을 다룬 에세이다.

원작자 대니 월리스는 우연히 버스에서 "Say yes more"라는 말을 듣고, 1년 동안 마주하는 모든 일들에 YES라 답하기로 결심한다. 그 결과 메일함은 신용카드 스팸으로 가득했고, 집에는 온갖 팜플렛들이 나뒹굴었으며, 심지어 외계인이 피라미드를 만들었다고 믿는 단체의 행사에 초대되기도 했다.

그렇게 기상천외한 일들을 겪었지만 예스맨으로 살아가는 동안 삶의 여러 발전을 이루었다고 그는 회고한다. 결국 그 이야기로 베스트셀러 작가가 됐으니 틀린 말은 아닐 것이다. 그러고 보면 쓸데없이 생각 많은 내게도 드물게 예스맨으로 살아가는 순간이 있는데 바로 달리기를 할 때다.

달리기는 YES를 온몸으로 표현하는 행위에 가깝다. 회피하지 않고 일단 부딪쳐보는 마음과 목표에 닿기 위해 안 되는 이유보다 되는 방법을 고민하는 태도, 작은 성취들을 발판 삼아 더 멀고 낯선 곳으로 나아가는 용기까지. 그동안 달리기로 체득했던 많은 것들은 〈예스맨〉이 전하고자 했던 이야기와 맞닿아 있다.

다음 주부터는, 마스크 없이 뛰는 달리기가 2년 만에 다시 시작된다.

#YES!

살아가는 게 한 권의 책을 읽는 거라면, 요즘은 하루에 수십 페이지씩 후루룩 넘어가는 기분이다.

　매일 한 장씩 문장을 곱씹고 밑줄 그으며 읽고 싶은 바람은 하루 사이 당혹스러울 만큼 차가워진 공기에서, 뚝딱거리다 마주하는 해질녘에서 좌절된다.

　부디 가을이란 이름의 챕터가 내일은 조금 천천히 읽히기를.

#생만큼짧은가을입니다
#행복하세요
#바로지금

무심한 듯 씩씩하게

그렇다 해도 이제 나는 내게 재능이 있나 없나 같은 생각은
하지 않는다. 일단 오늘의 원고를 잘 쓸 수 있을까만 생각한다.
내가 할 수 있는 유일한 것은 스스로에게 지지 않으면서
남 잘되는 것엔 신경을 끊고 끊임없이 나를 책상 앞에
갖다 놓는 것, 그뿐이다. 그런 면에서 작가업은 예술보다는
차라리 기술직에 가까울지도 모른다.

임경선, 《나 자신으로 살아가기》 중에서

"무슨 생각을 해…… 그냥 하는 거지."

스트레칭할 때 무슨 생각하냐는 질문에 김연아는 담담히 웃으며 말
했다. 지금까지 회자되는 여왕님의 명언이자 곱씹을수록 놀라운 말
이다. 그의 천재성은 말해 봐야 입만 아프고, 지독히 성실했다는 것
또한 이미 여러 매체를 통해 알려진 사실이다. 다만 지금 말하고 싶
은 건 그 성실을 이끌어가는 태도다. 여왕님의 무던함처럼, 성실은

당찬 의지나 기합에서 비롯되는 게 아님을 느낀다. 맥아리 없어 보일 만큼 무심한 행보, 묵묵히 쌓아가는 발걸음, 성실의 진짜 얼굴은 그런 소담함 아닐까.

무심히 성실한 천재의 이야기는 다른 분야에서도 얼마든지 찾을 수 있다. 고레에다 히로카즈 감독을 잇는 일본 영화계의 차세대 주자이자, 최근 전세계적으로 가장 주목 받는 거장 하마구치 류스케도 그중 한 명이다. 그의 2021년 작 〈우연과 상상〉은 자투리 시간을 활용해 만든 영화다. 정확히는 〈드라이브 마이 카〉의 영화화를 위해 원작자 무라카미 하루키에게 허락을 구하는 메일을 보내고 답장을 기다리며 완성한 작품이다.

그렇게 짬 내어 만든 영화로 하마구치 류스케는 베를린 국제 영화제 심사위원상을 수상한다. 이후 하루키의 허락을 받아 제작한 〈드라이브 마이 카〉로는 칸 영화제 각본상과 그해 아카데미 국제 장편 영화상을 받는다. 참 인간미 없는 천재성이라고밖에. 그러나 더 대단하게 다가오는 건 자투리 시간에도 영화 만들 궁리를 하는 근면함이다.

잠깐 언급한 김에 이어가면, 사실 이 분야(?)의 최고는 무라카미 하루키 아닐까 싶다. 1979년 데뷔 이래 장편 소설만 15편, 여기에 70편 넘는 단편 소설과 스무 편의 수필집까지. 새벽에 일어나 머그잔에 커피를 가득 채워 책상 앞에 앉는, 그리고서 하루에 매일 원고지 20매 분량을 쓰는 삶. 그는 그런 삶을 수십 년째 유지하며 100

편 가까운 작품을 쏟아냈다. 소파에 누워 하루 종일 〈나는 SOLO〉만 주구장창 본 나의 하루가 새삼 부끄러워지는 순간이다.

'천재는 노력하는 자를 이길 수 없고, 노력하는 자는 즐기는 자를 이길 수 없다'. 한때 신봉했던 이 말을 더는 믿지 않는다. 천재 따로 있고, 노력하는 사람 따로 있고, 즐기는 사람 따로 있지 않다. 요즘 내가 목격하는 천재는 가장 노력하는 이들이면서 또 그 노력을 한껏 즐기는 모양새다. 그러지 않고서야 나올 수 없는 양과 질의 결과물을 쏟아낸다. 이처럼 오늘날의 천재는 전통의 단짝과 같던 게으름보다 성실에 훨씬 더 가까이 자리해 있다. 오히려 근면이야말로 재능만으로 닿을 수 없는 곳까지 데려다주는 또 다른 재능처럼 보인다.

김연아와 하마구치 류스케 그리고 하루키까지. 세 천재를 훑다 갑자기 불법 유턴해 시선을 나에게로 돌린다. 마치 침대에 누워 멋지고 잘생긴 아이돌 영상을 보다 빈 검은 화면 속 안 씻은 내 얼굴과 마주하는 것과 같은 괴리감이다. 천재의 삶과 나의 하루를 직접 비교하는 건 자발적 절망 그 이상도 이하도 아니겠다. 다만 처연한 자극제로는 활용 가능하다. 천재들도 저리 사는데…… 상민아……(이하 생략)

"머리로 생각하는 사람이 아니라 몸을 움직여 파악하는 사람."

무라카미 하루키는 자신을 이렇게 정의했다. 실제로 그가 매일 아침 10킬로미터씩 달린다는 건 유명한 일화다. 차고 넘치는 재능을 지녔지만 예술가보단 노동자에 가까운 루틴 속에 자신을 내던진다. 과거에는 그런 그를 이해하지 못했다. 지금은 아니다. 천재이기에 더 높을 수밖에 없는 기대치를 충족하려 그들 또한 무던히 노력하고 때로는 분투한다. 성실한 천재들의 몸부림을 지켜보며 재능의 늪에 쉬이 빠지지 않는 데에 경탄한다. 동시에 재능 너머에 존재하는 고루하지만 분명한 가치들을 되새긴다. 꾸준함, 집요함, 근성과 끈기. 지루하고 따분하나 나처럼 평범한 재능의 이들에겐 한 줄기 빛과 같은 재능의 여집합이다.

"뭐라도 되겠지."

그만할까 싶을 때마다 나를 눌러 앉히는 주문이다. 무책임의 방관이 아닌, 아직 결론 나지 않은 미래로 내딛는 결심이다. 하루키의 필력은 없지만 하루키의 루틴 중 일부는 모방할 수 있다. 하마구치 류스케만큼 섬세하진 못하나 그의 왕성한 창작욕은 가져볼 수 있다. 퀸연아 선생님만큼 역사의 획을 긋는 재능은 없으나 무심히 내딛는 걸음은 뻗어볼 수 있다. 죽이 되든 밥이 되든 매일 밤 책상 앞에 앉는 이유다. 비록 대다수의 밤이 성에 차지 않는 문장으로 가득하나, 어쨌거나 내일도 이 자리에 다시 앉을 것이다. 재능의 유무 또한 결국 뭐라도 해봐야 알 수 있는 것이기에. 의심보다 무심이 나을 수도 있단 믿음으로. 뭐라도 되겠지의 마음으로. 여러분이 지금 손에 들어준 이 책은 그 무엇 중 하나다.

마지막 밑줄 그리고 동그라미

청춘이란 두려움을 물리치는 용기,
안이함을 뿌리치는 모험심,
그 탁월한 정신력을 뜻하나니.
때로는 스무 살 청년보다는 예순 살 노인이 더 청춘일 수 있네.
누구나 세월만으로 늙어가지 않고 이상을 잃어버릴 때 늙어가나니.

사무엘 울만, 〈청춘〉 중에서

직업에는 귀천이 없다. 그러나 진입장벽은 엄연히 있기 마련이다.
직함 하나를 위해 누군가는 수천대일의 국가 고시를 준비하고, 특
별히 요구되는 자격증 취득에 몰두한다. 어떤 직업은 그 일에 최적
화된 성격이 걸림돌로 자리하기도 한다. 요즘이야 많이 달라졌지만
전통적 관점의 영업, 세일즈 업무가 나처럼 낯가리고 관계 쌓기 어
려워하는 이에게는 쉽지 않을 것이다.

그런 면에서 마케터는 진입의 문턱이 낮은 편이다. 반드시 필

요한 자격증도, 없으면 큰일나는 자소서의 한 줄 또한 없다. 성격도 크게 타지 않는다. 마케터 하면 떠오르는 외향의 이미지가 무색하게 이미 숱한 반박의 레퍼런스가 주변에 산재해 있다. 나도 그중한 명이다. 산업 변화에 따라 마케터의 갈래가 잘게 쪼개지며 오히려 차분하고 개인주의적인 면이 도드라지는 분야도 더러 목격하는요즘이다. 과장 조금 보태어, 마케터는 누구나 될 수 있다. 마케터가되는 데에도 귀천은 없다.

다만 내 고민은 이 업의 지속성이다. 지금 하는 일을 사랑하지만 자꾸만 끝을 생각하게 된다. 그만하고 싶다는 푸념이 아닌 그만하게 될 것 같은 불안에 가깝다. 언제까지 이 일을 할 수 있을까에대한 두려움이다. 업계에서 북극성으로 삼을 만한 베테랑이 유독적고 종종 훌륭한 성과를 낸 마케터가 반짝 주목받기도 하나, 그 발광의 세기만큼 금세 빛을 잃는 감도 없지 않다. 오랜 시간 꾸준히 롱런하는 업계 동료가 많다면 지금의 근심 또한 잔잔해질 거 같은데,적어도 아직까진 충분치 못하다고 느낀다.

늘 그래왔듯 문제에 직면할 때 익숙한 질문을 꺼내 든다. 왜.왜 그런 걸까. 왜 마케터는 되기는 쉬워도 오래 하긴 어려워 보일까.신입 마케터는 주변에 차고 넘치는데 수십 년 현업에서 이 일을 해온 선배들은 왜 잘 보이지 않는 걸까. 답은 나도 모른다. 한껏 기대하게 해놓고 이 무슨 힘 빠지는 전개일까 싶겠지만 안재욱 결혼식을 앞둔 조세호처럼, 아니 모르는데 어떻게 말해요. 그렇다. 나도 이제 고작 10년 차에 접어든, 누군가에게는 햇병아리에 (근데 이제 사회에 절여짐을 곁들인) 불과하기에 지금 당장 진리에 닿기보다 앞으로 직접 부딪치며 그 이유를 체감하게 될 것이다.

그러나 중간 정산은 해볼 수 있다. 지금까지의 결론은, 인간 본성과 마케터 사이의 불협화음이다. 사람은 나이들수록 자기만의 세계가 분명해진다. 좋아하던 것에 몰두하고 익숙함을 향유하는 데 시간과 애정을 쏟는다. 새로움을 아예 등한시하진 않으나 그건 학교 급식에 일주일에 한 번꼴로 나오던 특식과 같아서 자연스러운 일상이 아닌 이벤트의 범주에 속하게 된다. 결국 대다수의 시간은 흰 쌀밥과 익숙한 반찬으로 채워진다.

관련 연구도 존재한다. 음악 연구 사이트를 운영하는 아제이 칼리아에서 세계 최대 음원 스트리밍 서비스인 스포티파이의 2014년 자료를 분석한 결과, 평균적으로 사람은 33세부터 새로운 음악을 듣지 않는다고 한다. 즉 한 사람의 음악 취향은 33세 이후부터 확장을 멈춘다. 이후 수십 년을 같은 세계 안에 머물며 추억을 곱씹고 익숙함에 기댄다. 당연히 음악에만 국한된 이야기가 아닐 것이다.

문제는 마케터가 새로고침의 직업이라는 데 있다. 내 취향은 지나온 유행에 머물러 있지만 눈앞의 유행은 수없이 흐르고 지나며 요동친다. 인간이 어떻게든 지키고 유지하려는 데 비해, 마케터가 직면한 세상은 늘 빠르게 변하고 기존 질서를 균열 내며 새로운 기준을 제시한다. 늘 새로움을 요구받는 한편 절대 사라지지 않을 것 같던 무언가는 허무하게 자취를 감춘다. 나는 변한 게 없는데 변하지 않았다는 이유로 비웃음을 사거나 당연하다고 믿어온 것이 부정당할 땐 영화 〈트루먼 쇼〉의 주인공이 된 기분이다.

인간의 본능과 직업이 요구하는 바 사이에서 마케터는 고뇌한다. 갈수록 충돌은 잦아지고 괴리도 커진다. 연차가 쌓일수록 마케터에게는 이 모든 게 피곤하다. 겨우 따라가기도 벅찬데, 다름을 이해하는 데 드는 마음의 품은 점점 커져만 간다. 아무리 스스로 동기부여 해도 편안하고픈 본능이 나를 끌어내린다. 쏟아지는 피로감과 함께 이길 수 없는 싸움이란 걸 직감한다. 그리고 굴복한다. 마케터로서의 조도가 흐려지는 변곡점이다.

꽤 높은 확률의 예견된 미래다. 스포일러 당한 영화를 보는 기분마저 든다. 그때마다 내 안에서 마음의 소리가 울려 퍼진다. 뭐라도 해야 할 거 아니냐며 멱살을 붙든 채 흔들어댄다. 그래, 뭐라도 해야지. 이렇게 뻔히 보이는 결말로 닿을 순 없지 않은가.

세상을 바꿀 순 없으니 유일한 선택지는 본능과 맞서는 것뿐이겠다. 다만 그게 관성의 반대편으로 냅다 달린다는 의미는 아니다. 마케팅이 청춘의 얼굴을 하고 있다 하여, 빈사 상태에 가까운 내 청춘의 기질을 억지로 소생시킬 생각은 없다. 나이 먹고서 청춘을 부르짖는 게 자연스럽지도 않을 뿐더러 내 목적은 청춘의 주체가 되는 게 아니다. 차분한 관찰자이자 적합한 대화 상대가 되는 것이다.

우선 고집부터 버린다. 줏대도 가감 없이 부러뜨린다. 언제든

마지막 밑줄 그리고 동그라미

틀릴 수 있다는 걸 머리뿐 아니라 마음에도 주입한다. 하루가 다르게 갱신되는 세상에서 한두 번 틀리는 것쯤 당연하다는 합리적인 생각이다. 그건 두려움을 지우는 일이기도 하다. 줏대를 버림으로써 겪을 수 있는 창피에 담담해지겠다는 용기다. 영화 〈헤어질 결심〉 속 해준이 서래에게 반한 건 꼿꼿함 때문이었지만 마케터가 취해야 할 건 그 반대의 유연함이다.

공교롭게도 처음 이 세계에 발을 들일 때 가려던 길과는 사뭇 다른 방향이다. 고매한 취향과 자기만의 멋진 세계를 지닌 안팎의 마케터들을 동경하며 그 길을 부단히 좇았다. 흐리멍텅하고 물렁한 내 세계관에 불만을 품고, 어떻게든 나의 것을 발굴해 채우는 데 혈안이었다. 자기다움이라는 이름 아래 나의 세계가 더 견고하고 단단하길 소망했다. 물론 틀린 말은 아니다. 자기다움의 중요성은 더 반복할 이유가 없다. 그러나 이 일을 오래 해나가는 데 있어 또렷함을 넘어 경직된 자기다움이 오히려 발목을 붙잡을 수 있겠단 생각도 한다.

마케터로서 축조한 모든 가치관의 발아래 폭탄 하나씩을 설치한다. 언제든 아니다 싶으면 터뜨려 무너뜨리기 위함이다. 나의 세계를 정교히 축조하는 것도 중요하나, 공들여 쌓은 탑이라도 오늘과 맞지 않는다면 언제든 내 손으로 무너뜨릴 수 있는 결단력이 필요한 세상이다. 어찌저찌 10년을 버텨온 현시점에서 앞으로의 10년 혹은 더 많은 시간을 마케터로 남기 위해 그리 해보려는 참이다.

옳지 않다 생각되면 언제든 가치관을 무너뜨리고, 동시대적인 가치와 철학으로 다시 쌓아 올릴 수 있게 상시 대기한다.

마케터로서의 목표를 점이 아닌 선으로 둔다. 스포트라이트를 받는 성취의 순간, 즉 커리어의 굵직한 점을 찍는 것에 무게중심을 두지 않는다. 나의 관심은 지속 가능성이다. 나이 먹어서도 유연함을 잃지 않고 굳어가는 세계관에 열심히 윤활유를 칠하며 직업인의 유효기간을 늘려나갈 셈이다. 과거에 쌓아 올린 탑에 상주하며 그 시대의 답을 읊기보단, 묵묵히 새로운 세대에 귀 기울이고 지지하는 마음으로 일하길 빈다. 만약 그런 커리어라면 하나하나의 점은 희미할지언정 선으로는 또렷한 윤곽을 그리지 않을까. 어느덧 마케터라는 개념이 돈을 벌어다주는 직업임과 동시에 삶을 살아가는 방식이란 생각마저 든다. 희끗희끗한 할아버지가 되더라도, 나이 들어 은퇴해 소속 없는 존재가 되더라도, 직업이 아닌 태도로서 마케터의 삶을 살고 있길 소망한다.

브랜드 관점에서 참고할 만한 인물에 대해 종종 질문 받는다. 그때마다 이경규 아저씨를 떠올린다. 데뷔한 지 40년이 훌쩍 넘은 원로 중의 원로이면서 역설적이게도 그는 수십 년 동안 가장 트렌디한 코미디언으로 자리해 있다. 재밌는 건 늘 감각의 끝점에 있으면서도 호통으로 대표되는 자기다움을 누구보다 또렷하게 지니고 있단 점이다. 무조건 윽박지르는 호통이 아닌, 시대마다 필요한 상대에게, 필요한 톤으로, 필요한 선을 타며 해왔다는 사실이 놀랍다.

내가 보고 경험한 수십 년의 예능 역사를 돌이켜본다. 공개 코미디의 시대, 세트 예능의 시대, 리얼 예능의 시대, 관찰 예능의 시대가 있었다. 또한 유재석의 시대, 강호동의 시대, 신동엽의 시대가 있었다. 그사이 이경규의 시대는 없었는지도 모른다. 그러나 모든 시대에 이경규가 있었다. 앞으로도 그는 가장 동시대적인 코미디언일 것이다. 나의 바람도 마찬가지다. 청춘의 언저리에 자리하며, 지금껏 그랬듯 앞으로도 마케터이고 싶다. 원대한 바람이자 긴 호흡의 꿈이다.

참고문헌

1부

김애란, 〈너의 여름은 어떠니〉, 《비행운》, 문학과지성사, 2012.
송길영, 〈김지수의 인터스텔라〉, 조선일보, 2023.1.7.
이다혜, 《출근길의 주문》, 한겨레출판, 2019.
이정모, 〈롱블랙〉, 2023.3.3.
신형철, 《정확한 사랑의 실험》, 마음산책, 2014.
루시 모드 몽고메리, 《빨간 머리 앤(Anne of Green Gables)》, 1908.
이본 쉬나드, 〈포춘코리아〉, 2024.1.1.
홍성태, 《브랜드로 남는다는 것》, 북스톤, 2022.
세스 고딘, 이주형·남수영 역, 《보랏빛 소가 온다》, 쌤앤파커스, 2023.
전우성, 《마음을 움직이는 일》, 북스톤, 2023.
19p 사진 ⓒEBS 〈딩동댕 유치원〉 제작진 제공.

2부

그자비에 드 메스트르, 장석훈 역, 《내 방 여행하는 법》, 유유, 2016.
송길영, 《시대예보: 핵개인의 시대》, 교보문고, 2023.
박해영, 《나의 아저씨》, 세계사, 2022.
제리 살츠, 조미라 역, 《예술가가 되는 법》, 처음북스, 2020.
김민철, 《내 일로 건너가는 법》, 위즈덤하우스, 2022.
이나모리 가즈오, 신정길 역, 《왜 일하는가》, 다산북스, 2021.

3부

허지웅, 《살고 싶다는 농담》, 웅진지식하우스, 2020.
박신후, 《행복을 파는 브랜드, 오롤리데이》, 블랙피쉬, 2022.
박소연, 《일 잘하는 사람은 단순하게 말합니다》, 더퀘스트, 2019.
이대호, 《이대호, 도전은 끝나지 않았다》, 현대지성, 2023.
기시미 이치로, 부윤아 역, 《철학을 잊은 리더에게》, 다산북스, 2023.
김진영, 《아침의 피아노》, 한겨레출판, 2018.
김의성, 《돈과 나와 일》, 얼론북, 2023.
이승희, 《별게 다 영감》, 북스톤, 2021.

4부

김민희, 〈아이브 매거진〉, 2021.12.15.
차우진, 《마음의 비즈니스》, 유유, 2023.
김상욱, 《떨림과 울림》, 동아시아, 2018.
대니 샤피로, 한유주 역, 《계속쓰기: 나의 단어로》, 마티, 2022.
김봉현, 《래퍼가 말하는 래퍼》, 부키, 2020.
신용목, 《우리는 이렇게 살겠지》, 난다, 2016.
임경선, 《나 자신으로 살아가기》, 마음산책, 2023.
267p 사진 Unsplash의 Etienne Girardet.